這樣拜，
才有效。
台北天慈宮・中壢三山國王聖安宮總幹事
王品豊 著

作者序 求神要方法，心到禮到最有效

坊間教人拜拜的書籍琳琅滿目，但大部分都是收集拜拜方法的成份居多，拜拜當然有很多方法，但卻鮮少有人以自己的經驗寫出拜拜的心得，並且從實證中得到實際的成效。

本書即是用筆者多年的拜拜心得，有條理的歸納出來，毫無私心的將有效的拜拜方式公開給讀者，讓大家不用走冤枉路，並且在拜拜的過程中，感受神佛的慈悲以及驚人、不可言喻的神奇力量。

有人說拜拜時向神明祈願一定要說清楚講明白。如果有發願也一定要在事成之後予以還願，這樣的說法我認爲是必要也是應該的，既然有求於人，事後的感謝代表的是投桃報李禮尚往來，爲下一次的祈求建立良好的關係。但比較要注意的是後面一句：如果沒還願就會……這種威脅性的話，這是我比較無法認同的，因爲神佛菩薩是慈悲的，祂們並不會因爲你出爾反爾而予以報復。但是，如果「厄運」是因果關係中的一種，因果關係來自業力或是所謂的冤親債主，當你沒有按照你的所說的條件去做時，冤親債主會回頭來向你索取你「積欠」他們的東西，例如錢財或健康等等。

我記得在二十多年前，北部一位瀕臨倒閉的工廠老闆，爲了救他的工廠，連夜到南部找一位頗具名號的宮主助援，當時這位老板信誓旦旦地說，如果他的事業可以起死回生，他願意捐獻新台幣兩百萬給該宮廟作爲重建之用，當時台北忠孝東路四段的房子一坪不到二十萬，可想而知他所說的兩百萬，當時是如何的天價。

事後這位老闆的事業果眞度過難關，工廠再度運轉，並且莫名其妙地接到幾張訂單，終於度過他事業上的危機，但他雙手奉上兩百萬的承諾始終不曾兌現，該廟的宮主幾次去電催討，不是出國就是不在，最後宮主忍無可忍，在最後一通電話留話說：「我不是一定非要兩百萬，這兩百萬是拿來幫他處理事情的，他如果不付，後果由他自己負責。」

這位宮主向來以僅收三百元聞名，台北許多政商名流經常於半夜驅車南下就教，他四合院的家門外經常在半夜停著多輛「黑頭車」，再加上筆者也認識，因此可以肯定他絕不是裝神弄鬼的神棍，打死不退的催逼兩百萬絕對有他的道理。

兩年之後這位工廠老闆碰上亞洲金融風暴，他的外銷訂單有一半以上幾乎被倒帳，工廠營運再度陷入危機，他只好硬著頭皮再度南下求救，這次是換這位宮主避不見面，幾年後，據說這位老闆在一次車禍中脊椎癱瘓，最後落得家境窘困再也不復當年驍勇。

社會中固然充斥著諸多假借神佛之名，而行眞正歛財之實的神棍，但是針對上述的事件而言，眞實的情況是，具有通靈能力的宮主研判這位老闆運勢烏暗，係因他在某一世的輪迴中，虧空建廟財物連夜奔逃，逃亡時不愼被馬匹踢中，此後半身不遂終老一生。

宮主請神佛出面幫他調停此事，兩百萬是彌補前世虧空的金額，誰知這位老闆積習難改，最後重蹈前世輪迴慘劇。

寫這本《這樣拜才有效》時，我把「報應」這件事放在前言，除了要提醒大家必須信守承諾之外，也是想跟大家分享以下幾件事：

一、在法界中，大家都必須遵守法界的遊戲規則，種什麼因得什麼果，遇有無可解決的事，大家都會把最後的一絲希望，寄託於滄冥神佛。但你會遭逢厄運，有時必須先反躬自省，一切因緣皆有前因後果，好有好報惡有惡報，神佛都無法干預這樣的定律。

二、神佛的職責與身分是類似於調停委員，由於你的誠心祈求，等同於神明接受你的委託，代表你和冤親債主協調，這當中需要多少「和解費」才能圓滿解決此事，端看兩方願不願意接受，和談成功之後你卻吝於付出你的「和解費」，如上述的老闆一樣，冤親債主收不到「和解費」，當然還是要回頭和你算舊帳。

三、你必須充分體認還願必須量力而爲，千萬不要「乞丐發大願」，更不要忘了還願免得得不償失。一般說來，我的許願方式大多是如果得所願求，必定行善佈施以彰神威，站在神佛的立場，有時候你去幫他口碑傳頌吸引更多人前來膜拜，會遠勝於你的錢財奉獻更來得實用。

四、一炷清香使用得當往往就可以上達天聽，關鍵是你用手拜還是用「心」拜，當然，誠心祈求又用對方法，絕對可以使你的祈願天人交感、事半功倍。

王品豐

二〇一〇年中壢聖安宮三山國王麾下

目錄

◎作者序　求神要方法，心到禮到最有效 …… 3

第一章　你不知道的拜拜知識和觀念 …… 11
- 拜拜前的心理準備 …… 16
- 拜拜應具備的「三心」和「二意」 …… 18
- 向誰求，最有效？ …… 25

拜拜時的供品準備 …… 37
- 求神見面禮：花、果、燭 …… 40
- 求神調解禮：金紙 …… 50

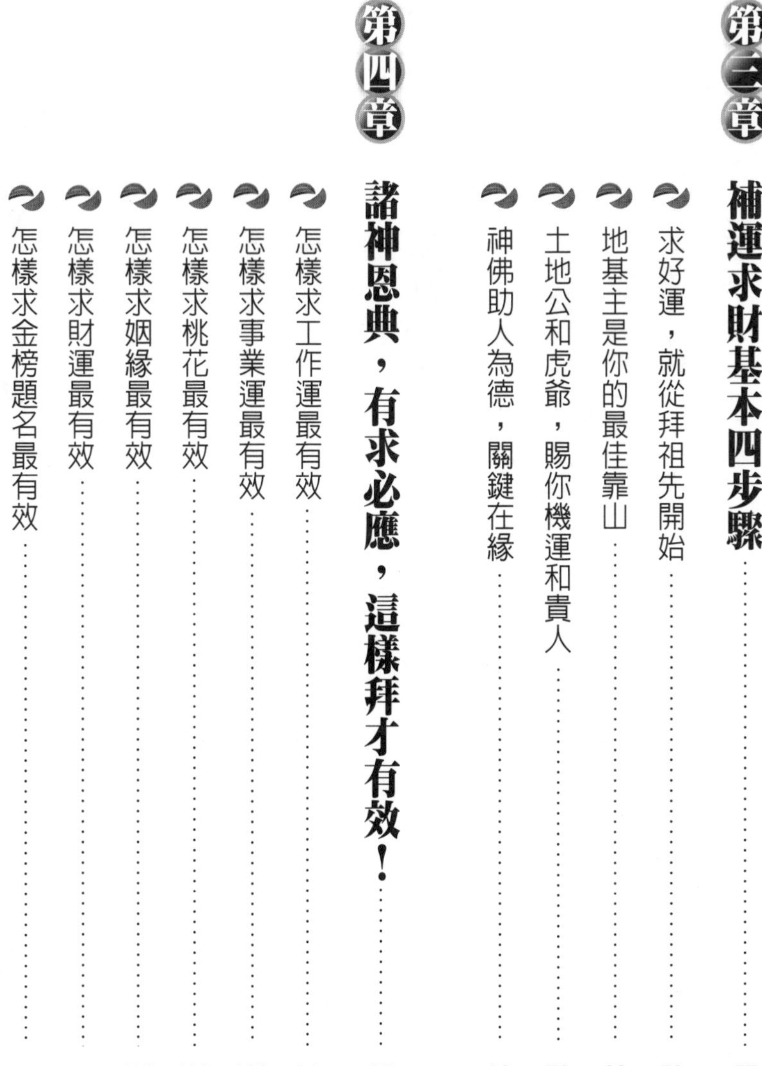

第三章 補運求財基本四步驟……57
求好運，就從拜祖先開始……59
地基主是你的最佳靠山……66
土地公和虎爺，賜你機運和貴人……72
神佛助人為德，關鍵在緣……82

第四章 諸神恩典，有求必應，這樣拜才有效！……87
怎樣求工作運最有效……91
怎樣求事業運最有效……108
怎樣求桃花最有效……118
怎樣求姻緣最有效……130
怎樣求財運最有效……136
怎樣求金榜題名最有效……144

第五章 絕對不能這樣拜！50項拜拜時絕不可犯的注意事項 …… 157

- 衣著篇 …… 158
- 供品篇 …… 162
- 行為篇 …… 169
- 傳統說法篇 …… 183
- 疑難雜症篇 …… 194

附錄 觀念加強實例篇 …… 205

- 到底什麼派別要燒這麼多紙錢 …… 206
- 如何幫父母補祿添壽？ …… 229
- 重症患者消災補運法 …… 238
- 如何收魂送外陰，大事化無事 …… 253

你不知道的
拜拜知識和觀念

- ⊙ 拜拜前的心理準備
- ⊙ 拜拜應具備的「三心」和「二意」
- ⊙ 向誰求，最有效？

許多人總以為只要透過三炷香就可以直通幽冥，的確，一縷清煙可以上達天聽，但是持香的人在點香的那一剎那，是否有想清楚你要說什麼？怎麼說？很多人都抱持著神明無所不能，點上三炷香就希望神明了解民間疾苦，甚至「悲憫眾生、出手相救」，但本書要告訴你的是：如果你這麼想就大錯特錯了！

在宇宙能量法則中，有一條叫做「因果定律」，這個法則建立在輪迴條件的基礎上。也就是說，你今天所受的苦，舉凡夫妻失和、事業不順、錢財失利等等，目前你所遇到的種種不如意現象，套用於因果定律上，事實上正是來自過去所種下錯誤的「因」所致。

心意堅強的人或許可將這些不順視為生命的考驗，或人生的磨練機會，但對有宗教信仰、或是希望透過自己能力之外，對目前窘境能夠有所轉圜的人來說，他或許就會希望借助冥冥中的神祇之力，賜與改變因果的力量，讓現況由逆境轉為順境。

既是如此，那麼回歸到原來的「因果定律」，自己種下錯誤的因所導致的果，怎能一心以爲萬能的神，當知你此刻深陷水深火熱之中，而天眞地以爲神明會主動伸出援手？

手持三炷香其實可以表現出最基本的兩種態度，一是**持香祝禱**，另一種則是**有事相求**，表面上看來都是膜拜的態度，而本質上卻是迥然不同。前者是西線無戰事只求平安和諧，後者則是兵臨城下，十萬火急請求救兵。說的簡單一點，就是「拿香拜」和「拿香求」是兩種截然不同的目的，當然方法和作法也就大異其趣了。

假設你自認專業能力豐富，自己也精力無窮幹勁十足，但仍然發生事業不順、錢財失利、失業等等不如意的狀況，那麼姑且將以上狀況視爲是一種病，有病當然就得找醫生，點香形同掛號，醫生——也就是神明，就是你四處碰壁後唯一的希望。接著，你必須跟醫生（神明）說明你的狀況，並乞求祂能幫你治好這些「病」。看病是需要付醫藥費的，神明會拿著你所付的醫藥費，去和你的冤親債主或因果業力協調，請他們對你網開一面不要趕盡殺絕。如果你平時喜歡幫助他人、樂善好施，神明也會根據你的功德，同等的回饋給你趨吉避凶的好運。這就是「求」神拜拜的眞正用途，僅是拿著香不知所云，所得到的效果也只是事倍功半。

家兄在我的家族中是被公認的金頭腦，在他唸大學時，就憑著他的金頭腦，向媽媽借了五萬元做股票，大學畢業時他已累積了近兩百萬的股利，接著更用這一筆資金娶妻生子、開設期貨公司。當時親友們眼見他是隻會生金蛋的金雞母，不斷地挹注資金給他，但不到三年的光景，家兄因投資失當家財耗盡，最慘的時候他爲了養家活口，早上送羊奶下午送晚報。

從事金融投資的他，可以精準地算出期貨的漲跌點，但每次他預估何時會漲可以大賺一筆時，家中就會出現若干狀況：像是岳母生病、岳父病逝、小孩受傷等等，因而喪失獲利的機會，且期貨都是以美元作爲投資標的，往往一失手就是大筆的台幣消失。

當時學命理的我雖知道他即將有十五年的厄運，但也束手無策不知該如何幫他解厄。後來我陸續接觸到靈山派的神學，才了解到一個人的運強運弱，實際上和因果業力有著相當大的關係，並且從靈山研習中，蒙師傳授解厄開運的方法。我就以此法告知家兄，現在家兄已經從逆境中慢慢地轉危爲安，並且從中領悟到原來持香拜拜的方法當眞大有不同。

在以下的單元中，我將陸續將此一方法完整地介紹給大家，但需注意的是，很多人只在乎形式充足與否，其實若想從拜拜中獲得有效的成果，最大的原因仍取決於心意。台灣有很多神職人員，依其不同歸屬，所以會有不同的紙錢數量或祈求方法，雖然莫衷一是，但心意絕對是最大致勝關鍵。以下將介紹拜拜前應釐清的觀念和態度，若能依此「三心二意」原則向神明祈求，一定可以讓你心想事成。

拜拜前的心理準備

許多人遭逢厄運的打擊時，如果不是一心想逃避現實的折磨，否則就是想挺起腰桿，在四處碰壁的環境中，衝出一條血路來。而拜神、求神賜與轉圜的機會，也是急欲突破窘境的辦法之一。大部分的人始終相信機運有時是掌握在一股無法視見的力量手裡，老外喜歡說是造物主，中國人喜歡說因果，誰對誰錯都是觀念性的假設，唯獨只能靠你自己去選擇。

以下單元中要告訴讀者的，是一般人最常忽略的「心理準備」。拜拜前爲何需要「心理準備」？拜拜不是準備好供品，按照步驟行禮如儀即可？做好「心理準備」有何幫助？

筆者所謂的「心理準備」，是對拜拜這件事所該抱持的正確觀念和態度。因爲神明雖然力量無遠弗屆，但基於「天助自助」的原則，若是把所有希望全都寄託於無形神力，而忽略了個人該做的份內事，那麼效果不彰時也就怪不了神佛不幫忙了。

若干年前，一個年近七十歲平常依靠子女奉養的老人家，爲了幫助兒子買房子，所以起了一個會，卻因一時失察而讓會腳倒了將近兩百萬。面對這筆龐大的數字，老人家一路從中和員山路走到新莊的地藏庵，她跪在地藏王面前，求地藏王幫助她，讓她能在有生之年，還完她的負債再離開人間。

老人家於是開始每天撿垃圾，住在附近的人都知道老婆婆身負鉅額負債，所以平常就會把要丟棄的舊報紙，或者不要的鍋碗瓢盆送給她，讓她去換錢還債。老婆婆每攢積一筆錢就立刻拿去還人家，一晃眼就過了十年，當她還完最後一筆錢時，也嚥下了最後一口氣，心滿意足地離開人世。

人們因力有未逮所以想要借助天威，以求心想事成。所謂「有求必應」，如果「求」是因，「應」是果，那麼「求」就是一門深功夫。如果要爲「求」下註腳，那麼它應該包含坦誠、眞實與勇敢，就像前文中的老人家一樣，坦誠的敞開心靈與神對話、眞實的告解自己的無助、勇敢的面對問題。向天祈求時若能具有這三項「心理準備」，在神明的面前，你所面對的則不是偶像，而是眞正的聖靈光澤，祂將在你做好準備時，與你一起攜手爲新機運啓航。

拜拜應具備的「三心」和「二意」

天地若是有知，則能天人交感，但如何才能天人交感創造無形的機會，使你的專業能力得以發揮？根據個人經驗，具備「三心二意」，方爲感應上蒼的基礎。

所謂的「三心」，是指**懺悔心**、**誠心**、和**耐心**；「二意」指的**誠意**和**心意**。

如同上述老太太的案例，當她跪在地藏王面前時，她以虔誠的懺悔心向神明告白，並且願意接受命運的考驗，如同每一本佛經的懺悔文一樣：「往昔所造諸惡業，皆由無始貪嗔癡，從身語意之所生，一切我今皆懺悔。」

第一心：懺悔心

懺悔心在拜拜求神的過程裡是很重要的動作，透過自省與懺悔讓自己感受到新生的力量，從而使這股力量化爲勇往直前的利器。

在神的國境裡，基本上是沒有所謂的富貴貧賤的，這些都只是人們爲生活、身分、地位，所賦予的定義。事實上，神界認爲每一個名詞都是一個磁場，**富貴是一個磁場、貧賤也是一個磁場，都是爲了讓所有人在磁場中學會某些事**。例如在富貴磁場中學會不驕奢、不淫誇，並懂得以己所得回饋他人，達到行善佈施、利樂他人的認知；而在貧賤的磁場中，則必須深刻地體認是否做錯了抉擇，而導致在此磁場中接受著折磨或考驗。若是已知或未知導致這樣的結果，則不妨選擇面對它，並以深切的懺悔讓自己的生命力重新燃燒一次。

第二心：誠心

誠心是簡單易懂的道理，透過反省與懺悔表示願意接受冥冥中的一切考驗或安排，並且以逆來順受的態度接受所有的現實狀況，這就是誠心的表現。一旦具備了誠心時，你的心就不會被無法承受的壓力折磨，你也就能在平穩務實中，一步一步地改變你的命運，邁向康莊大道。

第三心：耐心

有了懺悔心和誠心，**耐心**就相對的重要了，冰凍三尺非一日之寒，成功和失敗都是需要過程與時間的。求好運就像把魚餌丟進水裡，心平氣和地等待魚兒上鉤，心浮氣躁時就無法釣到大魚，**命運的改變通常都是心態變了**、**作法變了**、**環境變了，所有的好運才能因勢力導水到渠成**。若是只想著今天拜拜，明天就能有令人豔羡的改變，那麼這等於是痴人說夢話。

二意：誠意和心意

再者，所謂的「二意」，指的是**誠意**和**心意**。如果將「三心」解釋爲祈求者的心態，那麼「二意」指的就是向高高在上的神明祈求時，所必須具備的禮儀和禮數。

禮儀泛指拜拜時的儀容、疏文稟報，並以祈求者的身分展現高度的謙卑。禮數指的是一般靈山派所說的四品禮物，也就是金紙、蓮花、元寶等等，在下一章中會有詳細的說明。

也許有人會誤以爲自己所供拜的物品，都是神明拿去用，所以神明「理應」幫你一把。這個觀念有點似是而非，神明要的是「功德」，也就是以幫助你突破難關、引你向上的成績，作爲祂晉升神性的成績。因此不管你燒什麼紙錢，神明都是拿這些紙錢去幫你和你的冤親債主協商，希望他們放你一馬，或是將紙錢轉化成有形的資財，藉以幫助你的財庫盈溢。

因此，要辦理什麼事？要怎麼辦理？要準備哪些四品禮物？這些都是有講究的，當然也是對症下藥不可或缺的物品。

之前有某位宗教信仰者，得知他的因果業力影響了他的運勢，於是發心說他要以吃素的功德，迴向給他的冤親債主，以求化解業力。聽完後讓人有點啼笑皆非，大家都知道吃素有益身體健康是千眞萬確的事，但是吃素如果可以化解因果業力，那麼打家劫舍之後再來吃素豈不是可以大事化無事？

打個譬喻來說，假設你不小心（或是故意的也有可能），騎著車把人給撞傷了，你不想賠醫藥費，也不知道被你撞傷的人要花多少醫藥費才能痊癒，但你覺得很對不起他，於是你跟他說：「很抱歉，我是不小心的，我會用吃素來取得您的原諒，被我撞傷這事，咱就一筆勾銷吧！」

親愛的讀者，如果被撞傷的人是你，你會同意對方不用賠償你一毛錢，而只是以吃素作爲精神與肉體的損失賠償？

因果業力的牽扯可大可小，它包含著各種的可能性，不單只是騎車撞傷人這麼單純的事件而已，所以吃素不是不好，只是吃素對消弭因果業力其實是很有限的。

如果因爲因果業力而想吃素，那麼在佛家的解釋上稱爲「初發心」，意思是代表虔誠懺悔的心意，但初發心只是讓因果業力的索求趨緩而已，**該討的、該還的**，**始終是因果律中不容抹滅的規則**。

那麼因果業力該如何在發心吃素後消弭而臻至圓滿？一般而言有兩條路可

供選擇，一是採用念經迴向讓業力逐次遞減，一是按照靈山派的方式，請神明作主幫兩造「喬」一下，看要用什麼方式來圓滿此事。

所以「吃素」只是起頭，後面還有誦經迴向、燒紙錢、佈施等動作，才是解決冤親債主、因果業力的完整配套。

道教靈山派燒化四品禮物的用意就好像是開車撞傷人，不但要說對不起，還要奉上醫療費，平撫傷者的內心，而為了讓彼此都能和諧圓滿，因此請神明居中仲裁見證，以展現你的誠意。

透過拜拜求好運的儀式，簡單具體來說，就是「補運」和「補庫」兩種，以虔誠的「三心二意」備足了心意和供品，再加上個人努力不放棄，接下來才能等待好運降臨。

我之前常在一間小廟拜三山國王，這間小廟只有五坪不到，蓋在當時舊光華商場的陸橋下，二十年來每天車來車往弄得廟裡廟外都是灰塵，那時我覺得很奇怪，這間廟香火這麼鼎盛，為什麼要一直屈居在陸橋下？

後來新生北路要建地鐵，光華商場移到現在的位址，而這間小廟則移往中壢，目前是佔地千坪的大廟。那時我明白了一件事，神要蓋大廟也需要自己努力二十年，祂必須讓許多信徒接受祂的神威，才能獲得信徒的尊崇，也就是讓大多數的信徒「隨心滿願」，當有一天祂需要資金籌建大廟時，才會有信徒願意發心建蓋。於是祂一做就是二十年，換成一般人，能夠平常心等待二十年有成的，大概沒幾個吧？

神明能夠如此地有耐心地接受時間的考驗，何況是我們平凡的眾生？因此求神拜拜求好運也是要耐心等待因緣成熟，才能讓你大發利市的。

向誰求，最有效？

過年時有人去搶頭香，也有人拜遍所有的財神廟或土地公廟，甚至去廟裡向神明借錢，希望在新的一年能搏個好彩頭，這些有趣的活動姑且就稱之爲「祈福活動」吧！但是，是不是每個人都能心願實現？逢年過節的廟會活動，算是大型的群體祈福，但**如果想針對個人的問題予以對症下藥，其實還是應該從自己的家神拜起，除非家裡沒有供奉，否則，最有效的還是家神**。

求好運的第一步：敬祖

曾經有人開玩笑的說，拜神就是拜別人家的祖先，這話其實也不無道理，按宗教的六道理論來說，人死後爲鬼，有後世子孫拜者稱爲祖先，祖先活著的時候如果常行功造德，死後也會因其生前功績被分派不同神職。所以祖先若名列神班，脫離鬼道拔擢至神道，子孫也能因而蒙受其利，這就是所謂的一人得道雞犬升天。

只是活著的人並不知道自己的祖先是否進入神道或是鬼道，但是不管如何，有事求家中祖先是絕對錯不了的！在中國的陰陽天地哲理中，祖先與子孫透過血緣至親的關係，分別代表陰與陽的關係，陰陽是合體關係，一般人雖無法感受到，但處於陰界的祖先會知道這種關係。因此，陽界的子孫必須了解祈求的必要性，誠心地向祖先祈求，祖先有知必會運用各種力量幫助子孫尋找有利的機會。

台灣俗語有句話說：「近廟欺神」，意思是說人往往捨近求遠，只忙於眺望遠處湖光山色，卻忽略了腳下的一泓清池也一樣可以讓人心曠神怡。

換個角度想，一個人如果已經兵臨城下，最可能伸出援手的還是自己的父母。因此，當希望自己獲得好運時，最會拉你一把的，當然就是希望你光耀門楣的祖先了。

中國人「慎終追遠」的觀念根深蒂固，一方面表達了對祖先的緬懷，但另一方面，祖先的福德業力，同樣也會影響陽世子孫的強弱衰旺。只是現代人似乎對祖先的尊敬越來越淡薄，要知道，陰陽能量的交融必須透過雙方的發射，單方面的投射往往感受不到相應的力量。

因此，**如果要拜拜求好運，敬祖絕對是第一步**。

以子孫向祖先求財這種方式來說明敬祖的重要，並不是十分貼切的舉例。但古話說，百善孝爲先，孝順不但包含對父母的反哺，也包含對祖先的崇敬，積善之家必有餘慶，循著孝道孝親敬祖，祖先天人感知也必會投以恩澤庇蔭子孫。

曾有一位師兄聽人說要增強財運，可以到廟裡請神明補運，於是他請一位通靈的師姐陪他去擲筊，想要問看看補運時他要燒哪些紙錢比較好。但擲了很久都是陰筊（代表拒絕之意），通靈師姐疑惑地請示地藏王原因，一會兒之後，師姐問那位師兄，他家的祖先牌位在哪裡？師兄一下子被問傻了，過了老半天才吞吞吐吐地說：他幾年前就把祖先牌位請到廟裡去了。師姐又問他有沒有去拜過祖先？他搖頭。

後來這位師兄忍不住問師姐，神明到底幫不幫他補財運？師姐冷冷地說：「神明說你很不孝，祂沒法幫你補。」

這位師兄楞了一下不知道該怎麼回答，師姐又說了：「你的祖先現在都跪在這裡，他們向神明說你不拜祖先就算了，還對父母不孝，自私只顧自己，完全不知道奉養父母，你的祖先說像你這種子孫不值得幫。」

這位師兄當下被師姐說得面紅耳赤，那一次的補運之行也就敗興而歸了。

另外還有一個祖上救急的實例。有一次，友人小高受朋友拖累，臨時需要一筆五十萬的現金過票，他四處告貸無門正急得不知該如何是好時，一位和他頗有交情的通靈師姐跟他說，何不求求家裡的祖先？因爲通靈師姐看到小高家的祖先穿金戴銀，好像很有錢似的。但小高質疑地說，怎麼可能？平常年節他們家根本沒有拜祖先的習慣，通常他們都是到香火鼎盛的大廟去求運。

那位師姐說，他家有某幾位祖先，在世時曾累積不少功德，例如佈施助人等好事。許多人並不知道祖先的功德是可以幫助子孫的，而子孫也往往忽略了祖先的存在，人云亦云的往香火鼎盛的廟宇去求，因此師姐勸他不妨一試，並教他用正確方式以及四品禮物去求祖先。

回家後，師姐的話勾起了小高的回憶，他記得他的曾祖父曾經是中醫師，對前來看病的窮人，常常都是免費施醫贈藥；而小時候祖母也常帶著他到廟裡燒香拜拜，遇有募款蓋廟的事情，祖母常常都是大手筆的捐獻。想到這些，小高將信將疑之下也就按著師姐的話去做了。

晚上臨睡時，小高的錢依舊沒有著落，他憂心地起身找存摺，懷著僥倖的心態想看看是不是還能找到一些存款。東翻西翻時竟被他發現其中一本存摺，裡面竟然是五十萬元整的數字，再仔細一看，存款人竟是他已過世的祖母。

也不知是巧合還是祖先顯靈，反正那筆無意中發現的「飛來橫財」，在當時的確幫他度過了危機。

求好運的第二步：拜家神

除了祖先之外，家神也是求好運時不可或缺的神祇。家神包括家中供奉的神明，一般的台灣家庭多是供奉土地公、觀音、媽祖、濟公、三太子，另外，住家的地基主又稱地靈公，都算是家中的家神，只是一般人還是犯了「近廟欺神」的毛病，往往忽略了小兵可以立大功，反而捨近求遠的離家五百里去求神拜佛。

人、鬼、神承襲著中國既有的陰陽觀念，以此觀念來推衍，陽界是人的生活領域，陰界則是鬼神的淨土。當個人的陽能量逐漸式微時，則需透過陰能量的投射，並轉化爲可使用的陽能量。這就是陰消陽長、陽長陰消的道理，也是拜拜爲什麼能拜出好運的理性規則。

陰陽的轉化必須透過媒介，這一媒介就是神的能量，看不見摸不著的神能驅動陰界的能量，並具有轉化的施予能力，加諸於人身就會變成機運、神蹟或奇蹟。

有些人或許會疑惑，神或祖先到底要怎麼幫人創造好運或財富？由於能量是無法由科學來證明的，因此天人交感的過程往往是透過哲學性的思維，解釋宇宙間無法道盡的能量交替。因此，能量如何替換猶如雞和蛋的關係，有識者皆各說各話，對一般求財運的人而言，其實只要了解到拜拜應抱持著誠心與敬意才能有求必應即可，至於理論性的說法就留給宗教家去百家爭鳴吧！

靈山派的拜神求運法認爲，一個人的運勢強弱旺衰，取決於因果業力和功德，業力越大好運越弱，功德越多好運越強。但是因果與功德是個人的事情，如果要透過拜拜求好運，則需依照個人的福田向不同的神祇祈求。前面所說的祖先和家神是最基礎的，也就是說不管業力和功德如何不成正比，祂們依然會在能力範圍內助你一臂之力。

靈山派屬於道家體系中的一支，在諸多修行法門中，靈山派強調需先將個人的祖先業力、個人的累世輪迴因果業力先行償還後，才能透過自體靈與外靈的相互提昇，進而使得累世得靈魂體可以解脫超生，達到佛家所說了生脫死的境地。

每一個修習靈山派的人，都會透過特殊的因緣，找到他自己的無形師（又稱爲靈主），透過無形師的牽引，逐步的接觸本省的每一座廟宇，接收該廟宇所在地的能量，豐富自我本體的能量，當到某一種程度之後，這些人會開始透過眼、耳、鼻、舌、身、意，感應到自己或他人的過去世，從中了解過去所做的諸善惡，並予以彌補，這就是靈山宗修行的主要方式。

求好運的第三步：拜土地公

除了家神之外，與我們息息相關的就是住家或公司附近的土地公廟了。土地公正名為福德正神，顧名思義，有德者授福之，想當然耳，只要方法使用得當，福德正神的口袋裡自然也是滿滿數袋，等待有緣者得之。

最常拜福德正神的應屬房仲業者，只要聽說某家土地公廟很靈，大家必定蜂湧而至全力膜拜。只不過，拜福德正神還是要有一些訣竅的。福德正神如果專司送財，那麼也不能忽略祂桌下的「虎爺大將軍」，虎爺專司咬來貴人、叼走小人的工作，對於上班族或業務工作者，往往具有畫龍點睛之妙。

求好運的第四步：求神、拜五母

土地公再往上推一層，則是一般人所知的財神。財神的體系很複雜，有文武財神、五路財神、八方財神、十方財神，若是加上密宗的財神，黃財神、白財神、象鼻財神……則是族繁不及備載。

此外，各行各業的祖師爺也是求好運時不能忽略的，只是現代人已經不復記憶誰是誰的祖師爺，而一律改求土地公或財神。近年以來，由於靈山派的崛起，因此有人將各行各業，以五行屬性作爲區分，並將靈山派的「五母」賦予爲同一五行的眷顧者，以此向五母祈求好運和財運。

所謂的「五母」，指的是：

地母：代表土性行業。

西王金母：代表金性行業。

九天玄女：代表木性行業。

驪山老母：代表火性行業。

寒山老母：代表水性質的行業。

五母是一般靈山系的人所熟知的，但其中的驪山老母和寒山老母，由於廟宇較少見，因此一般人對祂們的印象比較不深刻。雖說五母各司掌不同行業的屬性，但這幾年來大多數的人還是以拜地母、金母、九天玄女爲主。

這五位靈山派人士口中的母娘，近年來在大力倡導下，其聲勢已經漸漸凌駕於父系神祇之上。有人說，五母的倡行主要是因爲大家都覺得，跟媽媽要錢會比跟爸爸要錢容易，雖然這只是玩笑話，但是從人性的角度看，慈母多敗兒也是不爭的事實。

要跟五母求運、求財，依舊是把握前面所說的重點，只是準備的四品禮物不同而已。若想進一步了解供品的準備，下一章有詳細的說明。

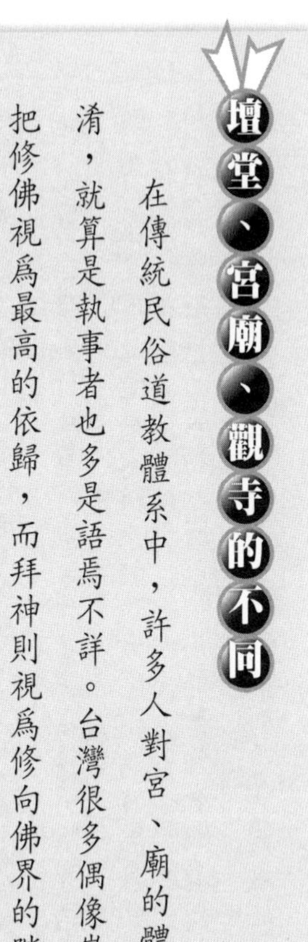

壇堂、宮廟、觀寺的不同

在傳統民俗道教體系中，許多人對宮、廟的體系概念有些混淆，就算是執事者也多是語焉不詳。台灣很多偶像崇拜團體，多數把修佛視爲最高的依歸，而拜神則視爲修向佛界的階梯。因此，按階級的高低，由下而上依序爲壇、堂、宮、廟、觀、寺，也就是說一般的宮或廟都是指恭奉神祇的地方，而觀是恭奉道教最高神祇的地方，如太上老君、元使天尊等等，寺則是恭奉佛陀之所。

由於台灣盛行乩童辦事，乩童是指神明附身爲人解惑，因此將恭奉神祇又有乩童爲人解惑的地方，稱爲宮廟或堂壇，而寺或觀則較少有問事辦事的服務。所以，一般信仰者認爲觀、寺是神佛清修之處，不宜問事打擾，而宮廟的神祇則是能透過乩童爲人辦事，藉此獲取功績再向佛界攀升。

古人說的好：「山不在高有仙則靈，水不在深有龍則鳴」，會幫人的神當然非常多，但是弱水三千只取一瓢，專心一意的祈求、敬奉固定的神明，其實勝過訪宮走廟亂拜一通，所得到的效果也將更令人驚嘆。

第二章

拜拜時的
供品準備

⊙ 求神見面禮：花、果、燭

花：以花結緣，代表誠敬心意

果：代表成就、結果，因緣俱足

燭：象徵點亮前途，一片光明

金紙：以物易物，讓無形能量轉化成有形財富

⊙ 求神調解禮：金紙

第一章中，筆者一直強調一個重點：平常沒事到廟裡走走、拿香拜拜，雖然稱之為「拜」，但這只能算是到廟裡和諸神請安問好而已。

而「求」就不一樣了，「求」是指有事無法解決，特地到廟裡走一趟，有事相求當然不能空手去，總是要備足禮品「伴手」才能展現表面上的禮貌，神性和人性是很相近的，幾無差別。

有些人會誤解拜拜的道理，以為都是拜同樣的東西，為什麼別人一拜百靈，而自己卻一無所獲。需知道每個人運勢的起承轉合時間點都是不一樣的，而真正能拜出感覺來的，絕不是取決於供品的「價昂」或「價廉」，最重要的是那一點心，是否蒙神垂憐，神明絕非因貪圖你的供品而非幫你不可，但是基於有求必應的原則，祂會在適當的時機適時地伸出援手。

所以說，神明會幫你主要是基於兩個原因，一是跟你有緣（此緣是透過你長期的膜拜而締結），二是因為跟你有緣所以希望幫你度過難關，然後讓你跟著祂學習忠孝節義的精神，如果能夠因此淨化你的靈魂，祂才有功績繼續維護祂的廟宇。

人與神之間是一種巧妙的關係，人因有需求而求神，神爲了淨化祂的能量而幫人，在專有名詞上稱爲「度世」，就是度化、幫助世人解決眾生苦惱，因爲緣份的累積，人與神之間產生了「共生」的因果關係。簡單來說，當你誠心敬奉神明時，兩者間的能量就會不斷產生，並對你產生無形的助力。所以，敬奉供品是對神明應有的禮儀，也是最基本的，這種最基本的禮貌，在拜拜、行禮如儀的過程中，我們稱爲「四品禮物」。

四品禮物的內容包括：求神見面禮和調解禮物兩種。以下便一一介紹四品禮物的代表意義和用法。

求神見面禮：花、果、燭

所謂「見面禮」，就好像你要登門求助於人，總不能帶著「兩串蕉」，所以帶上花果燭以表誠意是絕對必要的。花、果、燭是求神的固定見面禮，分別代表不同意義，至於價錢方面，就端看你個人能力了。

求神見面禮之一：花

花，代表的是與神結緣，或是與人結善緣，因此也代表光彩亮麗、受人喜愛之意。

一般拜神的花有分綜合型，或是單一品種，但不管哪一種都必須是一對才行。

如果要再細分，又有分：

求好運：以白色爲主，例如白色香水百合、白色火鶴。

求財運：以黃色爲主，例如黃色香水百合、黃菊、黃色火鶴等。
求事業運：以綠色爲主，例如綠菊、唐棉、貓柳、綠銀柳、劍蘭等。
求人緣桃花運：以紅色爲主，例如紅火鶴、紅玫瑰（需拔刺）、紅菊、蝴蝶蘭等。

近年來除了切花之外（切花是指可插在花瓶內的花），有人也會以盆栽的方式供神，將各種植物栽植於盆內，再供奉於神桌上。這對求好運來說也是很好的方式，但並不是每個人都非得這樣做不可。

基本上來說，供盆花者大多是自營事業的管理者，一般升斗小民還是切花即可，一來既可表達誠敬的心意，二來也比較經濟實惠。

民國九十六年時，有一位做建築營造的老闆，特地南下到南投地母廟求神。當時她有一塊在宜蘭的建案，地段、價位都很不錯，尤其那時雪山隧道剛剛開通，宜蘭房地產買氣很旺，但不知爲何她的建案卻乏人問津，旁邊比她貴的建案起碼都有八成的銷售量，唯獨她的建案僅維持三成左右。當時的她很心急，如果這個建案無法順利結案，她將會有極大的損失。

後來她聽人說南投地母廟非常靈驗，於是一大早就帶著四品禮物南下求助。擲筊時反反覆覆，一下子OK一下子NO，把她弄昏了也弄急了，神意模糊不清，她的「房事」也吉凶未卜，後來索性一樣一樣的問，終於問出是她帶來的花有問題。按理說這種事情的機率是少之又少，但在神的國境裡，有很多事情是無法靠個人平常的知識所能理解的。

原來地母的意思是祂不要「切花」，祂要盆花而且是開黑色花的國蘭。這下問題更大了，要去哪裡找黑色的蘭花？這豈不是比登天還難？女建商再三的擲筊確認，地母給她連續的三聖筊，如果不找到這黑色的蘭花，地母就撒手不管這件事。

女建商當時對著地母表示：如果眞有這種花，她一定不計代價找來供奉祂。回到台北後，她到處託人打聽哪裡有賣黑色的蘭花，但幾乎所有人都搖頭，並表示根本沒有人會去培育這樣的花種，她聽了之後幾乎完全失去尋找的信心。

有一度女建商也以爲地母是在開她的玩笑，過了一個月後，黑色蘭花仍然沒有下文，而她的事業更面臨困境。有一天他到台中訪友，閒談時友人的朋友登門而入，女建商看到友人的朋友，幾乎從椅子上跳起來，因爲那人的手上竟然正捧著一盆黑色的蘭花。

原來友人的朋友是經營蘭園的花農，在民國九十五年的時候，有一天晚上睡覺時突然夢見一個雍容華貴的女人出現在他夢中，對他說她想買兩盆黑色的蘭花，花農說他沒有黑蘭花的品種，女人笑說我會教你，說完隨即消失不見。

花農醒後對這夢覺得好奇，但也引發他想改良黑蘭花的興趣，一個月前他的蘭花竟然眞的開出黑色的花苞，於是他很興奮的帶著一盆來找朋友，沒想到因緣際會讓女建商遇到。

女建商看著黑色（其實是深藍）的花瓣，蕊心吐著黃色的花萼，內心情緒翻騰地說著地母要他找黑蘭花的事情，並拜託花農把花賣給她，花農聽後也認定當時夢中的女人應該就是地母，於是二話不說就答應把另外兩盆賣給她，所得的價錢也全數捐給地母廟。

巧合的是，花農原本只打算把帶來的蘭花送給朋友，讓朋友供在自家佛堂，朋友一語不發的領他們到頂樓的佛堂，原來他供拜的正是南投地母廟的地母神像。

女建商因緣湊巧得到一對黑蘭花，立刻趕往南投地母廟，這次供拜求運非常順利，三個月內女建商的建案銷售率直逼八成，她也笑得闔不攏嘴。

這是一個神奇又實際的故事，但每個求神拜佛的人不就等著有一天這樣的奇蹟降臨？至於地母爲什麼堅持要黑蘭花？到現在爲止原因成謎，神意難測，也許有一天答案自然會水落石出吧！

求神見面禮之二：果

果，表示成就、結果、因緣俱足。

花如果是誠意與緣份的表達，那麼開花後的結果，就是我們在拜神時所希冀的期待，所以「果」在四品禮物中同樣扮演不可或缺的地位。

大部分的人都知道拜神時的水果必須是單數，例如三果、五果等等，但大部分的人可能不明白為什麼不能用二、四的雙數。我國的宗教信仰常常依附著易經的說法，在易經的闡述中認為，奇數為陽，偶數為陰，奇數為一、三、五、七、九，偶數為二、四、六、八、零。而鬼神信仰中，視神為陽能量，鬼為陰能量，因此在拜拜時採三果、五果以應陽象數。

但在早期的信仰中卻以「四果」為主，乃是取「四季結果」之意，後來民風漸開，不知何時開始，即以陰陽的區分作為供果的數量依據。但不管四果或五果，基本上神明吃到的是心意而不是果鮮。

一般在拜神時大都採用蘋果、橘子、香蕉、葡萄等等應時水果，至於數量的部分則不必拘泥，只要謹記奇數為陽的原則即可。

此外，應時水果中也有一些水果是不能供拜的。例如釋迦，因為與釋迦牟尼佛同名，故有人捨去不拜；番茄、芭樂也不拜，因為其籽可吞入腹內隨糞便排出，被認爲是不敬之物；更謹慎的人甚至會連酸澀之物也不拜，例如楊桃、檸檬等等。此外，有些人不用蓮霧拜，他們認爲蓮霧臍凹陷，有「陷財」之意。

所謂入境隨俗，拜拜固然是一種心意，但若爲該拜何種水果而一籌莫展，不如就隨自己的心意吧，因爲**敬拜水果的目的不是爲了民俗禁忌，而是爲了藉水果供神，吸取靈氣來幫助自己**而已。

曾經有個笑話，有個女人每當丈夫出遠門時，她就會在家門口擺設香案拜神。她會特地按序準備四種水果：紅柹、李子、香蕉、梨子，當天晚上她的情人就會從後門進來陪她共度春宵。原來她所拜的四種水果如果以台語念，就會變成：丈夫去（紅柹）你（李）快（香蕉）來（梨）。

這雖是笑話一則，但在求神拜佛的民俗信仰中，偶爾也會產生讓人莞爾的諧音意趣。例如做生意的人一定會準備鳳梨，取「旺來」之意；做房屋仲介的人一定會準備橘子、香蕉供拜，取其「橙蕉」（成交）之意；另外蘋果也代表平安之意。

求神見面禮之三：燭

點燭，即代表點亮光明前途。

供拜的蠟燭絕對是紅色的，儘管後來有業者推出黃色的蠟燭，但是在求好運的前提下，仍應以紅燭爲主要。

燭的功能在於藉燭火引點神明之光，使之得以照亮前途，所以燭的目的即在於幫自己打亮光明前途。

至於燭的大小則不拘，一般人求神求運只要用一對小小的防風蠟燭即可，除非有特殊事項，例如求考運或是解煞祭運時，才會用到大型的蠟燭。

除了以上提到的花果燭之外，供品中也可以加些餅乾，尤其是向土地公求財運時，餅乾更是不可或缺。

但拜土地公的餅乾，有一些小小的注意事項。因爲土地公通常是白髮的老者形象，老人家牙齒不好，所以千萬不要買硬到會讓人掉牙齒的餅乾。土地公公通常喜歡吃軟的東西，例如麻糬、紅龜粿、紅圓、沙其馬、蛋糕等等點心，拿這些東西拜土地公就錯不了啦！但要記得在餅乾旁邊多放一瓶水，老人家容易噎到，貼心的多放一瓶水給土地公公是有加分作用的。

最後，拜好時別急著收東西，老人家吃的慢，最好把這些軟的點心留下來，讓老人家慢慢享用，但水可要帶走，下一章節中會告訴你這瓶水的妙用。

另外，土地公廟或一般的廟宇神桌下，幾乎都會有鎮殿的虎爺。別以爲虎爺權小位卑就不把牠放在眼裡，做業務或犯小人的人，最需要的可是虎爺的鼎力相助。

拜虎爺、求虎爺幫忙不需要花、果、燭，但是要生豬肉、雞蛋和豆干，虎爺是瑞獸，要供養牠自然是「生鮮食品」最實在。

求神調解禮：金紙

剛剛說完了拜神不可或缺的「見面禮」，至於「調解禮」，則是指紙錢等等。

這些紙錢是神明幫你調兵遣將，或是幫你償還給冤親債主所必須使用的。俗話說：「有錢能使鬼推磨」，向神明拜求好運也是一樣的道理。需知道神明是無法平白無故、無中生有給你好運的，祂必須運用你化給祂的紙錢，轉化為你的冤親債主所需的能量，請他們別擋你的路，讓你運勢順行、阻礙消除。

聽起來好像很複雜，不過一回生二回熟，多做幾次就知道該怎麼做了。

如果要嚴格細分調解禮的數量，也就是該燒多少金紙才好，通常必須透過擲筊請示，透過「神意」才能充分明白調解禮的多寡。但因每個人狀況不一，書中所寫的數量只是依一般通則制定，讀者若是有心，也可以將所寫的紙錢品名，逐一以擲筊方式請示數量，但可別求好心切一次增加太多。

我有位做自助餐生意的好友，第一次拜拜求財運時，因不明白擲筊請示的道理，那一次弄得他焦頭爛額。

原來他打算要用一〇八朵蓮花求運，他去擲筊時神明說不夠，於是他又加了一〇八朵蓮花，如此反覆擲筊，最後確定的蓮花數量竟是一〇八〇朵，比原來的基本量多了十倍之多！那一個月夫妻倆爲了省下買蓮花的錢，只好停止營業專心折蓮花。

聽起來雖是一個「驚心動魄」的笑話，但能連續擲出十個說NO的筊，也是夠讓人嘖嘖稱奇的了！因此，如果要擲筊問數量，在此建議不妨以原來數量的十分之一徵詢，千萬別因拜神而增加自己的壓力與負擔，需明白**拜神是經年累月的長期工程，來日方長細水長流就好**。

不管你想求財或求好運，大都需要以下數種紙錢。紙錢的功能是爲了方便眾神「以物易物」，將你的紙錢轉遞給地府曹官或是冤親債主，希望他們拿了你的好處後，能夠網開一面不要阻礙你發財。因此大家不要誤會神明拿了你的紙錢，等於接受你的賄賂，非幫你把事辦圓滿不成，事實上祂是拿了這些紙錢去幫你「遊說」到處奔走而已。老師說：「天下沒有白吃的午餐」，這句話可是金科玉律，在拜拜的過程中，牢記這句話絕對讓你受益匪淺。

近年來台灣物資充裕，在紙錢的改良上也出現許多新品，而且每一尊神幾乎都有專用的紙錢。例如：土地公發財金、五路財神發財金、關聖帝君專用紙錢……品名多到不勝枚舉，但在本書中主要還是以傳統紙品爲主，至於你要不要用某某發財金則屬個人心意。

向神求好運或求財，通常會包含三個層面：**補庫**、**補運**、**補財**，這三者是息息相關的。運不好所以進不了財，庫破了又留不住財，所以完美的好運應該要包含以上三個層面，而所需的金紙如下：

補庫

庫，分爲天庫、地庫、水庫。

民間信仰中流傳，天庫是指累積來世的錢財，以方便下次輪迴使用；地庫是指償還此次投胎爲人時，向陰曹地府借來使用的錢財，以免曹官前來催討；水庫是指今世爲人的存款多寡，水庫補的越多，就越能鞏固今生的財富不致意外破財。

因此天庫錢、地庫錢、水庫錢這三種紙錢，是補庫時常會用到的，而掌管財庫的官方代表，一般都認是三官大帝也就是俗稱的三界公。

補運

補運用的紙錢是補運錢，但也有某些地方是使用「補運金」作爲補運的紙錢。

南北兩地的補運錢有些不一樣，南部的補運錢是將幾張紙錢用紅紙包成一封，而北部的補運錢則是在外包裝上印有圖樣和「補運錢」三個字。至於補運金則是將印有大悲咒的經紙包成一小封，作爲補運之用，此法比較盛行於桃竹苗一帶的廟宇。但不管補運金或補運錢，其作用都是相同的，主要目的是打通冤親債主，先支付一點零用錢以安撫冤親債主，免得它們阻礙當事人的好運。

補財

補財的主要目的，是希望能增加好運或生財的機會。人人聞財心喜，畢竟人為財死鳥為食亡，所以在紙錢系列中，增財的紙錢種類很多。例如前面所提的土地公發財金、五路財神發財金等等，但也有人以燒化壽生錢作為增財的手段，其理由就是以壽生錢償抵投胎時向地府借用的人間財。

但除此之外，還有其他幾種補財的紙錢在此介紹：

壽生元寶：它是以壽生蓮花紙所摺出來的小元寶，一般我們戲稱為「半兩」，將元寶燒化的主要目的是以無形財換有形財，就像貨幣兌換一樣，給予冥界元寶換得新台幣。

金元寶：金元寶通常是以兩張燙金元寶摺出來的，一般稱為「純金九九九」，以便和「半兩」做區分，金元寶摺好後還要在底部塞入五張環保福金，象徵向五方取財之意，如果不用專用的五路財神金，也可以金元寶做代替，其效果有時還勝過財神金。

壽生蓮花：是用壽生蓮花紙摺出來的蓮花，一般是敬拜神明用的，壽生蓮花的標準規格是蓮花十八張壽生紙，蓮花座三十六張紙，總共五十四張紙，對摺後共為一百零八張，代表宇宙上下四方，其作用是請神佛賜福。

四色金：顧名思義就是四種金紙的統稱，分別是：**大箔壽金**、**福金**、**壽金**、**刈金**，這四種紙錢可以成套使用，也可以單獨使用。大箔壽金是拜玉皇大帝的，福金是拜土地公的，壽金是眾神均可，刈金是請神明打通關時使用，這些紙錢通常在金紙店都可以很容易買到。

特別一提的是，一般廟裡都會準備好四色金供香客取用，如果只是普通拜拜取一份即可，但若是有事相求時，則要取三份以示誠意。

黃白錢：虎爺專用紙錢。

不管是求好運、求財或求其他，以上的紙錢都是基本的配備，有了這些東

西之後，接下來要做的就是數量的問題，以及向哪尊神求？求什麼？怎麼求的問題了。

第三章

補運求財
基本四步驟

- ⊙ 求好運，就從拜祖先開始
- ⊙ 地基主是你的最佳靠山
- ⊙ 土地公和虎爺，賜你機運和貴人
- ⊙ 神佛助人為德，關鍵在緣

求神拜佛是一種長期的希望工程，除非有特殊原因，否則要產生效果，必須抱著持之以恆、長期抗戰的心理準備。除此之外，仍不能忘記「平時有燒香，急時不用抱佛腳」的儲蓄想法，持之以恆地累積慈悲喜捨的能量，久而久之必能上達神明下通寶庫。

求財求運固然是許多人進廟持香的原因，但是拜拜也不能盲目隨他人起舞，**有目的的祈求，必須從跟你有最直接關係的神祇開始入手**。

一般人多半都是聽某人說某廟很靈驗，於是有樣學樣跟著人群朝山進拜。但跟據筆者經驗，要讓拜拜發揮最大效果，其關鍵在於是否**與神明發生最大關係**。如果初來乍到、匆匆而來急急而去，神明還來不及認識你，又怎能對你伸出援手？雖然這是擬人化的說法，但從靈學能量的角度來說，有效能量是需要累積的，並且透過反覆的程序，以及時間的進化後，才能累積出彼此相應的能量，再從而運用這股能量於無形，並化作機運、財運的有形運轉。因此，和神明發生深切的關係，是不可或缺的關鍵。

求好運，就從拜祖先開始

機運是很抽象的事物，既無法用科學觀點解釋，也無法以儀器探測，但人過半百回首來時路，始知一切冥冥中似有定數，其中孔子的感慨最發人深省：五十知天命，想他一生周遊列國，傳道授業落拓一生，會說出這樣的話，必也是當中有他人無法體會的百味雜陳。

機運如果從東方的哲學思維來說，它被解釋為是業力所產生的具體現象，宗教家稱它為「因果」，種善因得善果、種惡因得惡果，它所解釋的不僅是此生的行為報應，它也從宇宙輪迴觀中，去追溯一切過去的種種行為。

於是因果導致「業力現前」，白話解釋就是如果過去你不斷地做好事，就會不斷獲得好運的加持；反之，如果你做了很多不好的事，好運就會被「冤親債主」所攔截，這就是天理昭彰報應不爽的基礎理論。

祖先是指往生的血親，他過去活著的時候所做的種種好事壞事，雖然他已經往生，但這些事也會被記錄下來，而由與他有血親關係的子孫來承擔。因此，一個人若是在行事受阻時，想要透過無形的能量獲得有形的機運，首要祈求的自然是自家的祖先。

祖先中若是有人在生時行功造德，必能庇蔭子孫，若是祖先無功無德，也會因血親關係不忍看子孫受苦而代爲尋找機會。而眞正的重點，在於子孫是不是懂得敬拜祖先，並透過祭祀奉拜的程序，接續彼此間的血脈因子。因此在本書的第一章中，筆者首先便強調了敬祖的重要性，並告訴大家如何透過敬拜祖先，達到振興家業持續永昌的目的。

去年有位從事麵包業的林先生到廟裡求神幫忙，十多年前，林先生的麵包店最鼎盛時曾經開到十六家分店，在業內頗富知名度，但十餘年下來，他的店卻只剩下縮在巷內二十坪不到的空間內，遙想當年英武神勇意氣風發，怎知臨老髮蒼眼茫落拓潦倒。

廟裡的師姐在他們坐定後，不等他們開口，便先出言成詩：「當年怎知今日苦，今日豈懂父母悲？」

兩句話說得林先生夫妻倆不明究竟，通靈師姐說：「你的祖先也來這裡了，他說他們活著的時候，行善佈施累積了很多功德，這些功德庇蔭你們子孫飛黃騰達，但是現在功德用完了，因果業力現前，他們也無能爲力了，心裡雖然捨不得，但也只能眼睜睜的看著你們吃苦受罪。」

通靈師姐說完之後，單刀直入地問他們是不是從來沒有拜過祖先？林先生夫妻倆面面相覷赧顏點頭承認。說來慚愧，當年林先生購置新屋時，因太太嫌棄祖先牌位會影響家庭裝潢美觀，夫妻倆因此決定將祖先牌位送往寺廟寄放，此後不曾再踏入廟中膜拜。

此時林先生忽然想起，他的事業兵拜如山倒，正是在他將祖先牌位送往寺廟後的第二年開始。

通靈師姐又說，**所謂「百善孝爲先」，並不是從孝順父母開始，而是從愼終追遠敬拜祖先開始**。祖先有德必然庇蔭子孫，但子孫不知飲水思源且漠視祖靈，因果業力一到時，祖先也無能爲力。接著，通靈師姐又說了一些他們的近況，讓他們夫妻倆瞠目結舌，頻問該如何彌補。

通靈師姐跟他們說，既然他們的祖先會隨他們出現，就表示祖先尚有福德，因此建議他們不妨將祖先重新迎進家門。夫妻倆照著通靈師姐的話去做，通靈師姐特地叮嚀他們，如果有做壞的麵包或是即將過期的麵包，不妨送給貧窮的人吃，她說：「和比我們貧窮的人相比，我們很富有，富有的人怎能吝於佈施？」這番話其實是告訴林先生，有能力的佈施一方面是爲自己增加福報，一方面也是累積祖先耗去的功德。

一年不到的時間，林先生巷內的麵包店已移到大馬路旁，說來奇妙，林先生回去之後不僅將祖先牌位迎回家中，還在每天下午免費發放做壞的麵包，許多人聞香而來又拿了免費的出爐麵包，一時間小小的麵包店外擠滿了人。林先生因此慢慢地恢復了信心，夫妻倆按照通靈師姐的提議行禮如儀，逐漸地改善了心境，也因此改變了環境。

這位通靈師姐幫助林先生的方法並非點石成金，也不是移山倒海這等大工程，她用最簡單務實的方法，將功補過，滿足祈求者的心願，充其量她不過是個「創意提供者」，真正的執行者和收獲者還是在於當事人肯不肯本著「三心二意」，一路堅持貫徹下去。

祖先是和當事人最直接的「宿命關係」，雙方在不同的陰陽空間，共謀「光耀門楣」這項大事。基於這層關係和道理，我們可以很簡單的理解，「只有不肖的子孫，沒有失德的祖先」，祖先從來沒有不想幫助子孫，但子孫卻會因各種原因自行斷絕與祖先的關係，最後也自斷生路。

祭拜祖先如同面見父母一樣，如果子女和父母之間，一年只能見五次，那就要把握時機，恭敬地稟告目前所發生的事情。例如工作不順利、想創業但沒資金、子女叛逆讀書成績差等等，然後再請祖先幫忙想辦法。

當你的意念發射出去後，祖先收到你的請求，就會將平常你燒化給他們的紙錢，轉爲「公關運轉」資金，在虛空中幫你尋找機會和貴人。若是祖德累積很多，祖先會直接將祖德轉化爲陽世所需的錢財幫助子孫；如果祖德稍弱，祖先無法驅動功德財，當他們接獲你的求援後，也會積極地幫你找出路，這就是敬拜祖先的祕訣所在。

一般而言，祭祀祖先除了早晚各上一炷香之外，只有在一年五節時才會供拜牲禮。

一年五節是指：過年、清明、端午、中元、重陽五節。

在這五節需準備的牲禮、紙錢如下：

1、牲禮

豬肉、魚肉、雞肉。豬肉可以用五花肉一塊，魚和雞則需要頭尾俱全。

2、紙錢

- 大銀：二十支。
- 小銀：十支。
- 更衣：一支。
- 銀元寶：三包（每包約一百個）。
- 往生蓮花七十二朵。

● 壽生蓮花三十六朵。

● 庫銀：六箱（左上方用黑筆寫「○家祖先領收」、右下方用紅筆寫「陽世子孫○○○送」）

● 病符錢：二十一支。

備妥以上物品之後，按節供拜，祭拜的時間通常都是下午一點過後，久而久之即會有家運明顯改變的情形，例如夫妻間的爭吵減少、子女間的溝通機會增加，所謂家和萬事興，家人和了之後，個人的事業學業也就會漸次改善。

地基主是你的最佳靠山

地基主有人也稱爲地靈公，事實上兩者間還是有一些差異性，只是古話說：「十里不同風，百里不同俗」，時至今日，大部分的人已將兩者混爲一談。但嚴格說來，地基主是指房屋空間內的神靈，相對於住在宅內的人而言，便尊稱它爲地基主了。

地靈公指的是過去的農業時代，百姓大多務農，養生畜、種五穀，所居住的房子也大都是地面上的房屋，顧名思義就是「一地之靈」。但現代人很多都是居住在大樓內，因此地靈公便漸漸式微，而經過習俗的演變，至今某些地方仍會在祭祀時一併參拜，並併稱爲「地基主」。

就傳統禮俗而言，中國人敬奉天地山川鬼神，哪怕是地基主也是敬畏有加。地基主和你一樣都住在這個家裡面，差別是你看不到祂，而祂卻對你瞭如指掌。別以爲祂只是一個小小的鬼祇，在仙班中祂也是小仙一名，小仙也希望有一天變成大仙，因此和祂陰陽共處一室的人，如果能幫祂累積功德，祂也會回饋給居住者好運和財富。

由於地基主不受眾人膜拜也無宗廟，如果祂想要獲有功績，就必須受居住者供拜，並引導居住者行直從善，這樣才能淨化祂的靈魂能量，離脫地基束縛升天而去。因此居住者的德行操守，也會直接影響地基主是否居功厥偉，或者是「升遷」。

在之前的麵包店林先生案例中，通靈師姐首先要他奉拜祖先，接下來就是爲地基主和下節要說的土地公造功塑德。如果你也想透過神靈的幫助而心想事成，在初階的求財造運中，敬奉以上三種功曹絕對綽綽有餘。

一般而言，拜地基主所得到的感應效果是很快的。曾經有一位從事二手屋買賣的朋友，運用此法使得她購進的房子順利脫手並獲取高利潤。

這位曹小姐原本是位公務人員，過去大多是和朋友合資購屋，等屋子賣掉之後再分取應得的利潤。後來，曹小姐發現這樣的收入高過於她的年所得數倍，所以她索性辭去公職，專心從事房屋買賣。

曹小姐的作法是買屋之後稍做裝潢，然後再透過仲介公司銷售，幾年下來，她的房子越換越大總價也越來越高，而且幾乎都可以低價購入高價賣出，曹小姐不禁自豪自己購屋的眼光和能力。

某次，她一口氣買了八千萬的屋子，但過了一年之後，這房子卻始終無法脫手。按說，價位、屋況、地段均屬上乘，看屋的人也多，實在沒有賣不掉的理由，但眼見利息一個月一個月的付出，曹小姐情急之下登門求救，我便告訴她請地基主幫忙的方法。一週後，某位客人回頭買下她的房子，原本這位客人因爲一百萬的價差不肯買，但事後仍舊妥協，以多了一百萬的價錢向曹小姐買下鉅額豪宅。妙的是，成交價和曹小姐的心理價位分毫不差，而曹小姐也心懷感恩地將這多得的一百萬捐給慈善單位。

拜地基主的儀式與準備

1、時間

在家中敬拜地基主的時間，是一年五節（過年、清明、端午、中元、重陽）當天的下午一點過後。

2、地點

家中的廚房。

在廚房擺放小小的香案，方向是由外朝內，即背對外面、身朝室內的方向。桌子的高度大約高於你的膝蓋上方即可，大小不拘，以能放下供品爲原則。

3、供品

供桌上的用品包括插香的香爐、三個酒杯、一個加滷蛋的雞腿便當、一壺清酒即可。

4、紙錢

- 壽生蓮花兩朵。
- 壽生元寶一百二十顆。
- 刈金（南部稱爲四方金）五支，傳統或環保紙錢均可。

5、拜拜順序

- 香案擺好後，斟酒七分。
- 開始點香稟述：奉請〇〇〇〇〇（報上你家地址）地基主，信者〇〇〇（你的名字）於今日良辰吉日，敬備〇〇〇（將你所奉的物品悉數報上），請地基主前來納用，並請庇佑我（全家）出入平安一切順遂。
- 插上香之後，等香燒三分之一時，再斟酒至八分。又過三分之一再斟酒九分。
- 擲筊詢問是否已酒足飯飽，若是兩筊覆下（蓋杯），則表示祂還在享用你供拜的美食，這時就再上三炷香，靜待地基主吃飽，等香過三分之一再問一次。如果筊杯一正一反，表示祂們已經吃飽喝足。
- 此時你可以把握時機，向祂們說出你的請求，例如求財或求事業等等，並以擲筊判斷祂們是否答應。如果答應了就要再次感謝祂們，並說些感謝、感恩等等的謝語。例如：感謝地基主幫忙，如果能達成願望，必定按固定時間祭拜化寶答謝幫助，此時就可以去化寶。（所謂的化寶就是燒紙錢的意思。）

拜地基主的時間可以是以上所說的一年五節，也可以一個月一次或是每月初一十五各一次，總要以自己方便的時間爲主，能做就多做一點，不能做就別承諾那麼多，**既然說出口就必須身體力行**，免得光說不練成了自己的罣礙。

土地公與虎爺，賜你機運和貴人

每月農曆的初一、十五或是初二、十六，台灣的百工百業幾乎都會在店門口或是到土地公廟參拜。

一般人大概都受了電視劇的影響，認爲土地公只是小小的一方之神，但土地公的正名是「福德正神」，佛經上記載：「有福有德、正氣凜天，是名福德正神。」殊不知土地公可是掌管我們財運的重要神祇之一。

台灣有很多著名的土地公廟，香火鼎盛。例如北部的烘爐地土地公、宜蘭四結金土地公，中部的紫南宮土地公，因爲他們幫助了很多人心想事成，因此香客絡繹不絕。不過這並不代表你家附近或公司附近的土地公廟就幫不了你，拜神求運的另一條通則就是與神「發生關係」，關係密切大家就是自己人，萬一發生什麼事土地公也就不忍袖手旁觀了。

「發生關係」用古老的話來說就是「緣份」，和土地公的緣份要如何尋起？一般都是認定住家或公司附近的土地公廟關係最密切，但如果一時找不到，或是同時有兩家以上的土地公廟，不知該如何選擇時，不妨按照自己生肖的本命方，來找尋和你有緣份的土地公。

生肖屬鼠，宜拜東南方土地公。
生肖屬牛，宜拜東南方土地公。
生肖屬虎，宜拜正南方土地公。
生肖屬兔，宜拜西南方土地公。
生肖屬龍，宜拜西南方土地公。
生肖屬蛇，宜拜正西方土地公。
生肖屬馬，宜拜西北方土地公。
生肖屬羊，宜拜西北方土地公。
生肖屬猴，宜拜正北方土地公。
生肖屬雞，宜拜東北方土地公。
生肖屬狗，宜拜東北方土地公。
生肖屬豬，宜拜正東方土地公。

有些人的機緣較爲殊勝，可能會夢到土地公前來送財。

例如我的同學，因爲家裡資助而沒有生活之虞，二十多年來一直沒有工作。他常常夢到一尊黑面的土地公，因此他潛意識裡一直覺得被這尊黑面的土地公照顧頗多，多年來這位同學一直想找到祂當面致謝，只是黑面土地公不常見到，他也不知要去哪裡致謝。

有一年返鄉過年，席間他談起此憾事，我正巧想到曾經去過某一間廟，廟裡供拜的正是黑面土地公，巧合的是這間廟離他家不遠，大約三十分鐘的路程，因此建議他去辨識一下，沒想到竟然眞的是他所夢見的那尊土地公。

後來在土地公的幫助下，二十多年不曾工作的他，開始在自家店面開起早餐店，也在步入中年之後，娶得如花美眷，正所謂「成家立業一朝至，最是人間有福人」啊。

相同的例子也發生在一位「二世祖」的身上，家境富裕的邱先生自小養成他紈褲子弟習性，酒肉朋友如蛆纏身，對他百般阿諛奉承，等到家財散盡後他才恍然大悟自己不過是個傻呼呼的二楞子，任憑他人當他是取之不盡的提款機。

當他覺悟時，決定要好好爲家人拚搏一下，但是一直苦無機會，最後在妻子協助下，以包油漆工程維生，但也是青黃不接難以爲繼。

某天他遇到一位朋友，這位朋友過去也是落拓潦倒，曾獲邱先生援助，但他現在已是一家製衣工廠的老闆。他對邱先生說，他有今天的榮華富貴，都是平溪的一尊土地公幫他的，他要邱先生也去求土地公看看。但邱先生問他地址時，他只說了大概的地理位置，並未說出明確的地點。

邱先生曾經按圖索驥去找過，一直沒發現朋友說的那間土地公廟，久而久之，他也覺得可能是他的朋友在「練肖爲」，因此放棄再去找土地公的念頭。直至某天晚上，他夢見一尊石雕的土地公，笑呵呵地對他說：「怎麼還不來找我？」邱先生猛然驚醒，夢中的土地公清晰若見，促使他決定隔天再去找土地公。

他開車到平溪後沿著山路往上開，一路問人哪裡有石雕的土地公，路人東指西指指到路盡處，他下車沿山路行走，翻過兩個山嶺後，他汗涔涔地坐在路邊休息，不經意地側頭過去，竟然發現旁邊有一間小得不能再小的土地公廟。

他心想，既然遇到土地公廟就雙手合十向祂問好吧！當他跪下來與土地公廟等高時，他赫然發現裡面一尊石雕的土地公，正笑吟吟地對著他，邱先生一臉錯愕，那不正是入他夢中的土地公？他原本以爲他要找的土地公廟應該很大間才對，沒想到竟然是幾個石磚砌起來的小廟，而且還身處叢山峻嶺中。邱先生說起此事時，說當時的他還感慨了一下，原來有錢人拜大廟，而窮人只能拜小廟。

事實上廟不在大，有仙則靈，大與小是肉眼所見，靈不靈則是心眼所見。邱先生此後經常扛著紙錢往山上跑，在幾次的公家機關油漆標案中，邱先生都以小蝦米吃大鯨魚的「神蹟」拔得頭籌，而他也很感謝那位不肯對他明說位置的朋友，讓他體會到「心誠則靈」的道理。如果不是他再次萌生的衝勁，他也無法和山上的這尊土地公「發生關係」並蒙庇佑。

向土地公求財運有很多「眉角」，但要先確認以下準備事項：

1 花、果、燭備齊（前文已說明，在此不再贅述）。

2 壽生元寶三百六十顆。

3 金元寶六十顆。

4 四色金三份。

5 福金三十支。

6 刈金十支（南部地區若沒有福金、刈金，可用四方金代替）。

7 壽生蓮花三朵。

8 補運錢三支（每一支的首張要以紅筆寫上姓名、住址、出生年月日，最後蓋上大拇指指印，男左女右不能錯。）。

9 蛋糕或紅龜粿或紅圓擇一。

10 礦泉水一瓶。

11 稟文：書寫姓名、出生年月日、住址、所求何事的紅紙，大小不拘。

此外，土地公廟的神桌下通常有虎爺大將軍鎮守，因此還要另外準備虎爺的四品禮物：

1 金、白錢各一支。

2 生雞蛋六顆。

拜土地公的儀式一樣是先把供品擺上桌，書寫姓名的紅紙放在紙錢上面。

奉拜過程一樣須先通報你的姓名住址，準備了什麼東西前來、所求何事等等。

香插上後，待香過半，再擲筊請示是否可以化寶。如果筊杯示意不行，通常代表元寶不夠或紙錢不夠，因此可用擲筊的方式請示數量。如果有示明數量不夠，通常都是指土地公願意出手相救，如果擲筊順利，那也表示土地公同意你的請求。

在化寶前還有一個動作要作，必須雙手合十對土地公說：

土地公在上，信者今日敬備〇〇顆元寶，請土地公以無形財化有形財，助我一臂之力，貴人現前、財源廣進，請以礦泉水化作財水，助我財源興旺順利順調。

接著再到虎爺面前祈求諸事順利，放在虎爺面前的金、白錢和雞蛋請勿取走，但如果虎爺面前有他人的金、白錢，可以拿去燒化，這是虎爺轉財運的一種方式，一般人很少知道。也就是說，把你供的金白錢放在虎爺面前，把別人放的金白錢拿去燒化掉。

拜土地公和虎爺還有一件注意事項，那就是供放的蛋糕、紅龜粿或生雞蛋要留下來，不可以帶回家。因爲老人家吃的慢，要把東西留下來讓土地公慢慢吃，至於留下雞蛋給虎爺，是因爲虎爺每吃掉一個雞蛋就等於幫你吃掉一個厄運。

可以帶回去的就是水和水果，水已經變成財水可以增加自身財運，因此最好自己喝；水果則富有貴人靈氣，因此也是不能和他人分享的。

如果能持之有恆地向土地公求財求運，效果是很顯著的。而最主要的關鍵則在於元寶，元寶燒得越多，可換得的現金也會相對增多，這是以此法求財的人共同的心得。

這裡附帶一提的是，有些人會認爲向神求財，必須以某物交換，雖然這是事實，但在四品禮物中，**福金是答謝土地公的紙錢，刈金是土地公幫你打點障礙，讓你行運順暢的公關費**。因此，如果有幸達成心願時，也不用擔心慈悲的土地公會來跟你要人情。不過，如果能以土地公之名，多做些好事行善佈施，相信土地公會更樂意幫助好心腸的人。

拜土地公的小祕訣

民間相傳土地公有求必應，但也因爲土地公心腸軟，所以他的配偶土地婆便肩負耳提面命，不准土地公老是出手大方的職責。

民間信仰中，爲了避免土地婆從中作梗，一般都只供奉土地公而不拜土地婆。但拜土地公時如果稍稍變通一下，也順便帶一些飾品來送土地婆，相信必能收事半功倍之效。現實的官場上不也如此？往往走後門比走大門還順利。

神佛助人為德，關鍵在緣

本書撰寫的宗旨在於教讀者以最有效的方法，讓機運的求取事半功倍。這些方法在多人、多年的實踐中，都得到深刻的體會和實質的成效。

因此本書不是以走馬看花的方式介紹本省各地的宗教廟宇，或是以品目繁雜的紙錢名稱混淆塡塞，而是以簡單、純粹的方法取得宇宙間的神奇能量密碼。不管你崇拜何神？到何處去求？其實都是一理通、百理同。在求財、求運的過程中，四品禮物固然不可或缺，但以崇敬的心與神祇締結深厚的緣份，更是在這一過程中最大的重點。

千萬不要抱著臨時抱佛腳的心態，想像大難臨頭時才伏撲神明腳下乞求救贖，而是應該在平常的日子裡就養成敬天奉祖的習慣，未雨稠繆的準備，往往大於亡羊補牢的效果。

在本省的拜拜信仰中，神祇種類非常多，每個人的信仰膜拜也不盡相同。

較常見的除了前述的土地公外，濟公、三太子、觀音、媽祖、關聖帝君、王爺、天公、母娘也多爲一般人所信仰。

不管你信仰何神，膜拜祈求的道理和方法都是如出一轍的，所需準備的四品禮物也都是大同小異。話說「精誠所至、金石爲開」，誠心誠意如果堅如金剛，就可以轉化成啓開宇宙能量的鑰匙。

拜拜的最佳時機

大部分的人都會迷惘於拜拜的最佳時機究竟是何時？除了逢年過節之外，以下介紹幾個拜拜求好運的時機點，在此時間祈求可收雙倍之效。

1 神明壽誕

農民曆上大部分會刊載每一尊神明的壽誕之日。例如農曆二月二日是土地公壽誕、農曆三月廿三日是媽祖壽誕、農曆七月廿三是諸葛武侯壽誕等等。你可據此查出你習慣膜拜的神祇，在祂壽誕當天，一方面前去祝壽，一方面去求祂賜你好運。

壽誕當日除了準備前述的四品禮物之外，還要準備壽桃、壽麵等等壽禮，數量隨自己的能力籌辦即可。台灣話說「誠意喝水甜」，凡事誠意滿分量力而爲，即便只是供上一杯水，神祇也會以歡喜心接受你的祝福。

2 百無禁忌的天赦日

農民曆上也會記載每一年中的天赦日，天赦日當天百無禁忌，相傳是上天爲求度化眾生，於是特闢一年中的五天爲天赦日，可供所有人祈求祝禱。如果用白話一點的解釋，就是那天諸神匯辦，接受眾生的請託之意。

所以，大家在天赦日當天也可去習慣性膜拜的神祇前請託祝禱，那天百無禁忌，只要是合理的請求，都會蒙諸神庇佑。當然，除了上述的四品禮物外，還要準備以下的紙錢：

1、天庫錢一箱。

2、水庫錢二箱。

3、地庫錢一箱。

以上的三庫錢是爲了幫自己塡補財庫，在每一年的天赦日進行補庫，可讓你在一年中事業順利、財庫盈溢。

第四章

諸神恩典，有求必應，**這樣拜才有效**

- 怎樣求工作運最有效
- 怎樣求事業運最有效
- 怎樣求桃花最有效
- 怎樣求姻緣最有效
- 怎樣求財運最有效
- 怎樣求金榜題名最有效

佛家說，人們因爲欲求不滿，所以爲欲所苦，這是佛家站在出世的觀點來看待世間事，但是從入世的觀點來看，人生畢竟仍在生老病死的序列中（說是序列也不是頂正確，有的人還沒老就病死了），因此每個人都希望自己在有生之年事業順利、財源廣進、感情美滿、家庭幸福。

成就佛法經義中的了脫生死固然是輪迴大業，但在生活中，如何活出精采的每一天，才是今生當下最重要的成就。畢竟人人都有夢想，付出自己的勤奮再加上一點點的機運、一點點的奇蹟，期許功成名就、兒孫滿堂，即使當不了神仙，在生命的節奏中，也不枉來人間走這一遭。

現代人說世間最美好的就是五子登科，車子、房子、妻子（夫子）、兒子、摺子，這些訴求其實也就是期望福祿壽喜齊備。

但世間事不如意者十常八九，假設得不到你想得到的，姑且稱之爲「病」，有病的話就必須看醫生，肉體上的病必須去醫院排隊掛號求診，找出病因予以根治。而欲望上的「病」則必須透過祈禱、膜拜的無形力量，來改變有形的空間，塑造出對你有利的機運。

宇宙的能量是絕對存在的，「鐵齒」的人也不妨將它視爲自我催眠的深層治療，雖然這樣的想法有點自我安慰，但不管你怎麼想，宇宙的能量並不會因此扭曲或改變，唯一會變的是浮動的人心，一旦人心轉化或扭曲，力量才會隨之消失。

祈求的能量在任何宗教的儀式上，絕對是必須而且愼重的，如果拋開宗教觀，這種能量是來自心量的凝聚，它改變了一切的可能，並展現不可能的奇蹟。這種力量可以不必透過神祇，但透過神的好處是，我們可以其聖潔之光，淨化這個能量並加持這個能量，展現在有形的物質空間。

因此，當你覺得力有未逮或不盡如意時，透過神祇的祈求儀式，那種來自內心的感受，往往只有當事人可以心領神會。

台灣宗教有趣的地方在於多神論，每個人都可以憑自己的喜好選擇自己的信仰，而在人生中所遇到的每一個瓶頸，也可以透過不同的膜拜，而得到這股神祕的祝福甚至幫助。

以下介紹的是各種所求的祈福方式，心意堅定且誠心誠意，便能以此簡便的方式達成自己的期許。但也千萬別忘了在事成之後，多多佈施喜捨，讓這股迴向的善念爲自己創造更多的圓滿，這也是神明助人最大的願力。

怎樣求工作運最有效

台灣景氣萎靡，許多人因此失業或是委身屈就，過去大學畢業生平均月薪是三萬五千元，現在幾已降至兩萬五千元。雖說大環境已是如此，但若透過無形力量的加持，仍舊可能在不景氣中找到自己的春天。

如果你覺得自己已經萬事具備，只差臨門一腳，不妨就試試拜神的方式，爲自己找到一條滿意的出路。

求工作運，拜什麼神最有效

想索求一份自己滿意的工作或事業，通常是找男性的神祇居多，例如關聖帝君、玉皇大帝、玄天上帝等等神尊。

爲什麼求事業求工作必須找男神？道理很簡單，神性通人性，男人對於事業或工作的企圖心往往大於女性，神祇亦然。當你入廟祈求時，應仔細地向祂們稟報你的專長、希望的工作性質、就業的地方等等，就好像去應試一樣，神尊傾聽之後如果覺得你言之有理，就會調兵遣將，助你心想事成。

你一定以爲神明助你找工作或是開辦事業，依祂們的法力無邊來看，是一件簡單且輕而易舉的事？錯！錯！錯！神明擅於布局，祂們會想辦法安插你所需要的職位，卻不會因爲你的需求而擠掉某些人，這是牽一髮動全身的道理。

例如集團裡空降一位工友，負責人事的主管就必須先行過濾既有的工友，將某些表現不好的予以調職，某些表現出色的則予以升遷，總之就是會擠出一個位置給新來的工友。一滴水滴入湖裡，就會盪開一整片的漣漪，這就是「蝴蝶效應」，神明擅長的就是調節這種效應，使得彼此間都能獲得滿足與平衡。

這麼說的用意其實很簡單，人們會求神，往往是因爲以爲此事對神來說「很容易」，而這種巧妙的安排似乎也只有「神」才做得到，那麼求的人是不是應該以更感激的心，感謝上蒼的賜與並且積極努力以報天恩？

求工作運時，向以下神祇祈求特別有效：

1、**關聖帝君**：祂長年征戰沙場，深知男兒志在四方之理。

要找立姿持刀的關聖帝君，這種形象代表義薄雲天、鼎力相助。

2、**玉皇大帝**：天下蒼生都是祂的子民，黎民有難，九五之尊則應思謀良策。

祕訣 膜拜時要以「父王」稱之，一則拉近關係，二則使祂意識到爲人父的職責。

3、**玄天上帝**：民間傳說祂原爲屠夫，因悟道而自剖身軀，五臟化爲龜祿蛇財。

祕訣 拜玄天上帝時，應爲蛇龜另準備雞蛋七顆，請祂們發揚神威助運提昇。

4、**十二藥叉**：此十二神將隸屬藥師佛，曾稱凡有人念頌藥師名號、咒等，則隨所願求。

祕訣 稱頌藥師佛妙號二十一遍，再呼請十二藥叉神將即可，順遂之後以十二支刈金答謝。

5、**準提佛母**：佛母願力宏大，曾言王宮貴族、販夫走卒、藝伶女妓，稱頌祂名則得聞聲救苦。

祕訣 以玉蘭花連供七天，七日內要不斷憶念準提佛母形象及心咒。

6、**諸葛孔明**：仙師多副配於關聖帝君廟受人膜拜，且以神機妙算著稱，向其膜拜求事也多有所獲。

祕訣 以四色金三份向仙師求之。

7、**三官大帝**：天官賜福、水官賜財、地官解厄，三官大帝也是求工作運的最佳選擇。

祕訣 備天庫、地庫、水庫三種紙錢前往求之。

去哪裡拜最有效

在北部較有名的關聖帝君首推「行天宮」，一般人僅知民權東路的行天宮，其實除此之外，還有三峽白雞的「行脩宮」、捷運忠義站的行天宮，這三家關聖帝君廟都出自同一體系，而靈驗度也都各有神蹟。唯一令人遺憾的是，行天宮近年來已經改掉供人燒紙錢的習俗，而專以誦經爲人祈福，對於必須以紙錢能量換取實際能量的個人來說，只能另訪他賢了。

而在台北市信義路底的福德街「奉天宮」，則還保留可供人燒紙錢的金爐，奉天宮的主要神祇是玉皇大帝，讀者若是必須燒化紙錢，不妨備禮前往拜求。據說奉天宮恭奉的玉皇大帝，均是中國歷代有德皇帝所敕封，因此頗能了解民生疾苦，民眾前往拜求時往往可以隨所願求。而每年的正月初九玉皇大帝壽誕，奉天宮外車水馬龍香客絡繹不絕，足見玉皇大帝神蹟顯赫澤被四海。

在台北市以外的地區，也有多家玉皇大帝、關聖帝君的廟宇供人膜拜，並且提供燒紙錢的服務。例如：宜蘭的玉尊宮、大里金面天公、礁溪的協天宮、雲林的參天宮等等。基本上，只要供奉的主神是玉皇大帝或關聖帝君，又香火鼎盛者，都可以前往求工作或事業。不過還是要記得「關係密切」這個原則，可別船過水無痕，達到目的後就不見蹤影，經常憶念、經常感恩、經常往返，神尊的「神氣」才能隨身庇佑，讓你遇難呈祥。

找工作可拜的神祇其實很多，但最重要的，還是得把握住一個原則，那就是必須找常常和你「發生關係」的神祇，也就是你固定且常去拜拜的某位神明。如果你不常拜拜，只是偶爾才臨時抱佛腳，一時還找不到和你關係最密切的神明，那麼就教你一個「小撇步」：你要靜下心來，回想自你懂事以來，第一次聽到的神明名稱是哪一位，祂可能就是和你很有緣份、關係最密切的那一位。

有些人可能會說媽祖、觀音、濟公、三太子等等都是自小經常聽聞的神祇，那是因爲台灣廟宇崇拜的也幾乎都是這幾位。

我曾經碰到一個比較特殊的案例。某次遇到一位修冷氣的師父，相談之下才知道他原來是南部某國立大學電機工程系畢業的大學生，但因多年求取功名不成，只好靠維修冷氣維持生計，如此的大材小用不單是他自己內心難以平衡，連外人見狀也不免替他叫屈。

於是，我建議他不妨去求求和他有緣的神，結果他說他小時候最先認識到的，竟然是地獄未空誓不成佛的地藏王。於是我便建議他去請求地藏王幫忙，當時他還一度懷疑地藏王是管地獄的，怎會管人間事？但後來證明地藏王的確使得他的工作重見光明。那一年電力公司招考工程師，他的太太擅自幫他報名，報名費都繳了，逼得他只好硬著頭皮去考試，結果過五關斬六將，在千人淘汰賽中他竟然脫穎而出，連他自己都覺得不可思議，而且在同期錄取者中，就屬他的年紀最大。

想求工作運，可到以下宮廟拜拜：

1、**民權東路的行天宮**：屬於社團法人行天宮文教基金會的本宮，一九六八年竣工，該廟主祠關聖帝君，另配諸葛孔明、劉備、張飛等神祇，廟內有收驚服務，由於位處台北市區繁華商圈，所以香火鼎盛，信眾多爲商業人士，祈求生意興隆多有靈驗。

2、**三峽白雞的行脩宮**：屬於行天宮法人社團的三峽分宮，成立於一九四五年，主要供祠關聖帝君、劉備、諸葛亮等神祇，該廟外另有配祠土地公廟，據說求財靈驗非常。另外，該廟也曾傳出一些神話，據說有人入夜踏月而來，瞥見樹下有老者做讀書狀，再回頭人影渺茫，有人猜測說是關公夜讀春秋，也有人說是該廟創辦人玄空師父趁夜巡山。

3、**台北捷運忠義站的行天宮**：屬於社團法人行天宮文教基金會的北投分宮，又名「忠義廟」，該廟與行天宮、行脩宮最大的不同，是此廟供有佛教教主釋迦牟尼、儒教至聖先師孔子、道教教主老子。同時民間傳說關聖帝君陞任玉皇大帝，所以該廟又供有「十八代玉皇大帝之玄靈高上帝關聖帝君」法像，以示儒道釋三教一統。

4、**台北信義路底福德街的奉天宮**：主要恭奉玉皇大帝、東華帝君、西王金母、五年千歲等神祇。玉皇大帝全名爲「昊天金闕無上至尊自然妙有彌羅至眞玉皇上帝」，在西遊記中又稱「高天上聖大慈仁者玉皇大天尊玄穹高上帝」，今簡稱「天公」、「三界公」、「玉皇上帝」、「玄穹高上帝」均可。奉天宮內另配有「五路財神」，前往奉拜時可另備壽生元寶向財神求財。

5、**宜蘭的玉尊宮**：該廟主神正是玉皇大天尊，俗稱「天公」。

玉皇大天尊上掌三十六洞天，下管七十二福地，掌轄三界，爲道教民間信仰的崇高者，位階於三清之下。三清是指太清、上清、玉清，爲道家修神養性的天道靈性依歸，而玉皇大帝則統管人道。

據說玉尊宮的玉皇大帝號稱已逾一百三十億萬歲，法像莊嚴慈悲，蓄長鬚且面帶微笑，喜親臨朝政聆聽萬民所求，臨政時大都捻鬚微笑，翹腳俯視，喜摸善男信女的頭。如果有緣到玉尊宮一遊，膜拜時若頭麻臉赤，據說是天公愛民如子的體現。

玉尊宮燒紙錢的八卦金爐有八個門，是按奇門遁甲中的八門而開，每年依節氣開啓其中三門（生、景、開）讓信徒可以納氣納財，來拜拜燒紙錢時，可別多事把人家關上的門打開喔。

6、**宜蘭大里金面天公**：位於宜蘭大里的慶雲宮，該廟原本也是供拜一般的玉皇大帝神像，後來請示玉皇大帝之後，將該廟多年來信徒所捐贈的金牌，全數熔化恭塑玉皇大帝純金神像，因此，大里慶雲宮的金身玉皇大帝，名聲才開始遠播全台。

金身雕刻師據說也是玉皇大帝自己去找的，祂託夢給一位即將失業、準備到大陸發展的雕刻師，請他從台中到宜蘭大里為其打造金身。雕刻師一到慶雲宮即問廟中執事是否要找金身打造師父，廟裡委員暗驚，原來此事只有廟中少數人知道，經雕刻師說明原委之後，廟中又再擲筊請示，連得六筊確定無誤，金身打造費時兩年餘，遂爲信徒今日所見景象。

7、**礁溪協天宮**：該廟主神也是奉拜關聖帝君，所不同的是，除了一般的香客前來上香外，也是靈山派人士接靈、會靈之地。傳言此處的關聖帝君坐騎赤兔馬，手執偃月大刀，英明神武，專辦開赦前世因果之事，例如有人顛倒是非荒佚邪淫等等，都會來此向關公請罪，並求賜福或回復官職等等。

8、**雲林參天宮**：該廟奉拜關聖帝君，迄今已三百年餘，後經一再整修始成今日規模。參天宮在本省各奉拜關聖帝君的廟宇中，佔有一席之地，全省各地分靈遍佈，是關聖帝君信仰中，不可不去朝拜的聖地。據說老關聖帝君執法甚嚴，在其殿堂上不可輕浮挑逗、舉止散漫，否則關聖帝君降駕時，必遭嚴詞責備，所以在廟中服務的人員無不戰戰兢兢。因此，若到雲林四湖參天宮參拜，態度舉止可要端莊嚴謹，不可嘻笑怒罵，有事上稟也要注重言詞修飾，據說老關聖帝君降乩時，所示現的文字也是文藻優美、用詞莊重。

求工作運需準備的供品

若要求工作運，不管拜的是哪尊神明，通常要準備的四品禮物如下：

1、花、果、燭（詳文請見第二章說明）。

2、廟裡的四色金三份。

3、環保刈金二十支。

4、環保福金三十支。

5、佛祖金一刀。

6、壽金十支。

7、壽生錢一刀。

8、稟文一份。

稟文就是第二章中提到的，書寫姓名、地址、出生年月日、所求何事的紅紙。

一般比較正式的稟文都是以黃紙書寫，稱爲「疏文」，那是廟方在做集體法事時才會用到，一般個人用紅紙即可，大小不拘。

書寫稟文有分簡單寫法和正式寫法兩種，說明如下：

1、簡單寫法：

要訣：要掌握身分和所求之事。以王小明要求工作運爲例：

> 信男王小明民國六十八年一月十八日出生，現年三十三歲，
> 現居台北市信義區市府路1號，祈求順利找到工作。
>
> 信男王小明叩上

2、正式寫法：

正式寫法程序較爲複雜，內容也比較講究，在工序上可分：

- 讚頌：就是要先讚美神佛菩薩慈悲，法雨遍施讓人如沐春風。
- 恭呈：指這份稟文要給哪一位神明。
- 伏以：本段就是要開始寫你要求什麼，希望神明可以在哪方

面幫助你。

● 謹祈：本段要表達的是你是懷抱著多大赤誠，來請求拜託神佛一定要鼎力襄助，如果如夠得到神佛的加持而竟功，達成目的之後你將如何達謝祂等等。

禮　無極九天玄女娘娘大慈尊　加被疏文
謹以
祈運啓事　遙請帝臺　九天黃道應明開　雲駱瑤陔海會蓬萊群仙
嘆善哉
恭呈
協靈宮　九天玄女娘娘聖尊
九蓮佛母菩薩聖尊
伏以
馨香一炷　丹誠一片　仰叩神恩於慈尊前　弟子〇〇〇受生於〇
年〇月〇日時建生　吉宅居所　〇〇〇〇〇〇〇〇號之人士

伏念弟子夙業慶幸得遇佛道之乘　然澄塵緣攀孽愚癡邪見　身心多散亂　諸根昏塞　又福力淺薄　壽元無常　空徒人身　縱有心力挽狂瀾福田欲種　皈心依依　唯恐天運將至　運滯纏身之故　弟子今洗心泣血　伏心摯誠　惟願仙娘天耳聞聲　悲心救苦　憐愍加被　放大神光被照弟子身心　得以解化弟子之逆運　魔障悉除　得天運之序數以補人身未完成之宏願大觀

今虔誠叩於

大慈大悲　廣大靈感　九天玄女娘娘大慈尊　前

謹祈

慈悲救渡　加被弟子無災厄凶險　還賜天運事業　爾今且後弟子誓修善因善果　道心不退　並持修功德迴向　以報神佛之恩

慈聞

弟子○○○頂禮叩求

歲次○○年○月○日

書寫稟文時要心懷恭敬，不可馬虎潦草行事，一般疏文都是以黃紙書寫，簡便稟文可任意裁剪適中的紅紙書寫，正式的稟文則用A4的紅紙書寫即可。

稟完之後可別忘了簽名加捺手印，如果忘了帶印泥，那麼就在簽名處哈一口氣也可以。

怎樣求事業運最有效

一般人容易將事業運和工作運混淆，拜神時往往因爲沒有說清楚講明白，以至於後來的成效不夠顯著。工作運是指領薪水的工作，事業運則是指自己個人的事業。

祈求事業運或是祈求創業當老闆，方法有很多種，每一位指導者（法師）也都有自己的方法。如果你想自己ＤＩＹ的話，在這裡提供一下靈山派求事業運的方法，畢竟這是多人認定的，相當值得參考。

求事業運，拜什麼神最有效

靈山派認爲世紀變遷之後，是由五位女神來護持現在的地球人能量，靈山術語稱爲「坤道收圓」，而這五位女神分別是地母、九天玄女、觀音、媽祖、西王金母。

其中的九天玄女掌管事業工作的能量，她也代表力量的興衰起敗，因此想創業或想讓事業更上一層樓的人，可以透過接收九天玄女能量的方式，讓自己的活力增強、鬥志旺盛。

台灣拜九天玄女的廟宇非常多，但一般都認爲來自苗栗仙山的九天玄女，或是宜蘭補天宮的女媧娘娘是祖靈，而其分靈也散見全省各地。

據稱，女媧娘娘是第一代的九天原始靈，因補天有功，被後人奉爲九天玄女。一般的造型有持劍九天玄女和持拂塵的九天玄女，持劍者是除妖斬魔的戰神相，持拂塵是講經說法的修行相，可想而知，想要事業興旺當然得找持劍縱橫天下的戰神相了。

向戰神九天玄女祈求事業運也是有竅門的，說明如下：

1、花果燭備齊。
2、稟文。
3、四色金十二份。
4、壽生錢三支。

5、九轉壽生蓮花三朵。

拜法如前所說，先將供品備好，接著開始焚香稟報。稟報完後，待香燒到三分之一時，要擲筊請示九天玄女是否可以三朵九轉壽生蓮花爲你加持，使你活力增強、智慧早開，以增加你的事業機運。

如果九天玄女同意，就拿起九轉壽生蓮花，自己或請他人在你頭上順時鐘繞六圈、逆時鐘繞六圈。

這個儀式就像密宗的灌頂意義一樣，密宗灌頂會呼請神佛加持，以九品壽生蓮花在頭頂上繞圈圈也是相同的意思。有些人會感覺頭頂一陣溫熱，或是胸口一陣溫熱，這時可以或站或坐，感受一下這股暖流，如同慈母般撫慰你的心靈。如果有這種感覺，大都表示你已經接到九天玄女的能量，並得到她的庇蔭。

如果擲筊時是拒絕的，你就必須再請示一次，同時要把請求說得更明白些，有些人語意不清，常會有請求被拒的事情發生，所以要有耐心地重說一次，以便宇宙的能量可以跟你心意相通。

完成之後，記得感謝九天玄女的能量，同時也不要忘記捐一些香火錢供養廟方，畢竟廟方運作也需要經費，量力而為捐些香火錢，同時取得感謝狀，並在感謝狀上用紅筆寫下以下數言：

願以此功德助我鴻圖大展，並叩神恩。

千萬別小看這幾個字的力量，這股看不見的無形力量，可是會隨著你回到你的事業版圖，幫你發光發熱的。但也別以為去一次即可，持之以恆的執行將會有意想不到的效果。

向誰求最有效

想求事業運，可向以下神祇誠意請求：

1、**三太子**：三太子屬於小孩靈，靈巧可愛沒心機，跟祂說說好話，祂一心軟就會熱心助你，到時也要記得買棒棒糖謝謝祂。但如果大人講話沒信用，小孩子可是會窮追不捨喔。

2、**五府千歲**：叫千歲或王爺的神祇，大都是生前英勇報國或是熱心助人，死後才會被敕封神位。由於他們曾經在世為人，深知為人不易，因此只要求得王爺首肯，在事業上必會有如神助。不過王爺多為正義不阿的人士，尤其忠義守信，因此對王爺承諾的事情務必矢命必達，祂才會對你讚許有加。

3、**地母**：祂是百業之神，任何資源都掌握在祂的手裡，誠心向地母求助，祂會向慈母般地給予你許多幫助。

4、**文武財神**：不要只會向財神要錢，財神之所以有錢，是因為祂很懂得經營之道，所以祂才會生財有術。要創業、開業或事業不順的人，應該潛心膜拜虛心學習，請財神提供你判斷的靈感，以及將貴人送到你面前，讓你事半功倍。

5、**三公主娘娘**：相傳是玉皇大帝的第三個女兒，非常得玉帝喜愛，據說祂是七仙女中，最有巾幗氣概的一位，常常會義助信徒創立事業。本省各地都有祂的寺廟，尤其是在南部地區，許多商家在三公主娘娘壽誕時，都會敬備壽禮前往奉拜。

去哪裡拜最有效

一般人看到供拜相同神明的廟宇，第一個浮上心頭的往往是：去哪一家最有效？

事實上，神、人之間講究的是緣份，我們無從得知我們究竟和哪一位神明最有緣，在此狀況下，最好的方法還是選擇你最方便的方式與神親近，方便的方式包含：個人喜好、交通距離等等。

以九天玄女爲例，我個人偏愛去苗栗縣獅潭仙山的協靈宮，此廟與一般的九天玄女廟並無二致，比較特別的是該廟旁有一口龍泉仙亭長年湧冒山泉，仙山地靈人傑，在高山上也有山泉湧出，被廟方與信徒認爲是九天玄女顯靈的事蹟。

一般人到此龍泉仙亭，都爲求一口水藉以消災袪病，更多當地的居民提桶上山盛水返家煮食。所謂外行看熱鬧，內行看門道，龍泉雖然被人們崇信爲治病保健仙水，但是，根據看得見三度空間的眾高人所言，這口龍泉是由一條金色老龍王所化，老龍王位居天外天統管天龍八部，其位之高不言而重。相傳協靈宮的九天玄女都要對祂禮讓三分，畢竟在九天玄女未到此處安宮落籍時，老龍王就已經鎮守仙山，掌理花草樹木、蟲魚鳥獸。

雖然這是一則毫無根據的神話故事，但每一次上仙山時，除了向九天玄女作揖禮拜之外，也得先向龍王請安，而且往往會有意想不到的「奇蹟」。

有一次上仙山協靈宮，碰巧遇見一位道友，正旁若無人地對龍王訴苦。他說他一輩子不肯屈居人下，只想自己當老闆，但是每次都遭逢劫難無功而返，現在家人妻兒因爲他負債累累都不願意讓他再創業，但他很清楚他所發明的東西，如果有人願意投資，絕對會在市場上引起很大的迴響。

我原本只想取杯水，卻被他的一番話吸引了，便站在一旁聽他把話說完。當時我還在想這人都五十好幾了，韌性和企圖心還眞強，雖然對他所說的前景暗自悲觀，但表面上還是被他的毅力所感動，只是，不知道龍神聽完，到底會不會幫他？怎麼幫？

但是，神奇的事發生在一個小時之後。當時另一隊進香團來到協靈宮，走前面穿黃色唐裝，手拿紅旗的一位中年男子，一眼就看到了剛才向龍神「投訴」的道友，並立刻大喊他的名字。兩人不期而遇喜出望外，相談之下才知道，兩年前道友拿了一個自己發明的東西，要找中年男子合作開發，哪知當時陰錯陽差，中年男子去了越南，而道友也奔到廣州，使得計畫延宕至今，如今老友相遇自然舊事重提，兩人一拍即合，相約改日共商大計。

事後，道友再次向龍神行三拜九叩大禮。道友跟我說，一個多小時前，他本想離開協靈宮下山而去，但不知怎地，他突然想去拜拜龍神說說話，沒想到就在仙山上遇到他的貴人了。換言之，如果他先行離開，上山的路和下山的路是兩個不同的方向，他和他的貴人就緣慳一面了。

道友後來的生意的確做得有聲有色，只是一個簡單的晾衣架，竟爲他帶來鹹魚翻身的商機。人因夢想而偉大，不管當時是幾歲，只要心中有夢想，堅持、執著、勤奮，必也能獲得上蒼的祝福給予機運。

想求事業運，可到以下宮廟拜拜：

1、**高雄三鳳宮**：始肇於康熙年間，至今已有三百多年的歷史。宮名聽起來有點女性化，但裡面恭奉的主神是三太子，統領五方兵將，去三鳳宮求太子爺，記得要多燒一些「甲馬」給兵將，兵將們才會賣力地幫你找機會。

2、**東石鄉港口宮媽祖廟**：這也是台灣媽祖系列中有名的廟宇，與北港媽、新港媽齊名，每年媽祖壽誕，來向笨港媽祝壽的香客也是絡繹不絕。據說，笨港媽出巡時，神轎停在哪一戶人家，那戶人家就註定要大發。

3、**木柵指南宮**：主嗣孚佑帝君呂洞賓，呂仙祖是道家中位階很高的神祇，大部分的人只知道呂洞賓三戲白牡丹的佚事，卻少有人知道祂也是五文昌之一，且被奉為財神，因此若想求事業運，請祂幫忙也是不錯的選擇。

4、**淡水黃帝廟**：此處是軒轅教恭奉主神黃帝的地方，炎、黃二帝被視為中國人的始祖，向黃帝誠心膜拜等於是向老祖先祈求添財納福。

5、**八里漢民祠**：主嗣義賊廖添丁，劫富濟貧的廖添丁是很多老闆的最愛，在合情合理的範圍內，廖老爺都會全力幫助，去時不要兩手空空，別忘了帶點酒肆去孝敬祂喔。

怎樣求桃花最有效

桃花又可以解釋爲人緣，是一種期待人見人愛的美好感覺，被他人所喜愛可以用在感情的追求上，也可以運用在工作事業的奮鬥上，畢竟沒有人會喜歡被討厭或憎惡。

好的桃花會增加自我的信心，並受他人歡迎，而不好的桃花有時也會爲自己帶來不必要的困擾。追求桃花者往往多是情竇初開的少女，眼見朋友已經覓得護花使者，而自己仍是孤苦伶仃一人，所以也會暗自希望「那個人」騎著白馬來。

在民間的普遍信仰中，一般都會認定月下老人是牽紅線的不二人選，但除了月老之外，其實也可以有其他的選擇，例如向五母中的地母祈求桃花人緣。

求桃花，拜什麼神最有效

地母是道教信仰中的大地之母，宇宙萬物皆由她所生、所化，猶如中國人認定滋養萬民的黃河是中國之母一樣，透過地母的能量轉化，具有化腐朽爲神奇的力量。

因此五母中，地母居中生育萬物，地母生性慈悲，不論是非美醜祂都一視同仁，因萬事萬物均由祂所生，不會有權衡失重的問題，誠心向祂祈求不僅可以得到人緣桃花，且容易善緣來聚、惡緣遠離。

到了地母廟時，請以三步一跪的方式入廟（很多人都這麼跪，不用覺得不好意思），進入地母廟將供品備齊後，開始稟明來意，請地母作主增加你的人緣桃花，或是牽引好的姻緣。

拜妥後，請跪在地母面前緊閉雙目，這時漸漸地會發現腦海中出現一道白光，循著白光繼續注視，慢慢地你會感覺到白色的光產生色變，分化出不同的七彩光芒，這些光芒逐漸地覆蓋你的全身，此時你必須全身放輕鬆，完全地沐浴在這片光海中，直至又恢復到原有的黑暗，此時就算大功告成了。

這是一種地母能量磁場的簡便轉化，它會使得受者感到身心放鬆身體微溫，久而久之可感化你的心性，使之不急不徐不慍不躁，自然而然能獲得他人的喜愛。日後每當你感到壓力龐大或心情不悅時，亦可回憶這一段沐浴光海的景象，便能夠讓自己慢慢地平復。

據一些有「慧根」的人說，按法施行後，甚至會在腦海中浮現自己未來另一半的影像，但是後來是不是眞的有遇到這樣的佳人（才子），則不得而知。但在我身邊的友人中，的確有人因爲這樣而遇到他腦海中看到的對象。說起來是神話，或許也可以解釋爲自我催眠，在此不做評論。只是我眞心認爲求神拜拜是心能量的轉換，看到與否並不重要，有時陷於過度的執著也會是一種傷害。所以，只要眞正的相信，事實就會呈現，當下的看不看得見反倒是其次。

向神明祈求人緣桃花時，要記得把話說清楚，不但要桃花，而且還要紅花常鮮，那些露水桃花、孽緣桃花就千萬不要求回來往家裡放。

一般人想求桃花，通常只會想到月下老人，其實還有些神祇也會兼管桃花，只是一般人不了解如何運用而已。

1、**台北迪化街城隍廟**：廟裡的月下老人，在有效的行銷下名聞遐邇，但大家都只記得向月老要紅線，卻不知道月老喜歡吃「糕仔」，若是到城隍廟，千萬不要忘記準備。此外，拜月下老人時，也要帶上兩朵壽生蓮花，那是請月老幫你牽貴人桃花用的。

2、**太陰星君**：太陰星君也是兼管桃花的神祇，只是一般較少有專供的宮廟，埔里的寶湖宮地母廟、花蓮勝安宮的王母娘娘等處，都供有太陰星君，祂不但可以幫人促成好姻緣，也可以開啓人緣桃花，惹人喜愛。

3、**花公、花婆**：花公花婆也會幫人牽紅線找桃花，而且他們所挑選的桃花，都是花公花婆嚴選，只是花公花婆的廟不多見，目前所知僅新竹蓮花寺內有供奉而已。

4、**五指山七仙女娘**：五指山在新竹縣北埔鄉，山上寺廟林立，七仙女娘居於其間，七仙女相傳是玉帝的女兒，由於神仙不能有愛情（爲了修道），所以對愛情總有旖旎想像，因此求七仙女娘保佑好姻緣也時有奇效。去時要記得帶束花，尤其是以去刺的紅玫瑰或香水百合是她們的最愛。

求桃花，去哪裡拜最有效

地母經中說：「人人都不識我地母，卻不知三皇九帝皆我所生，儒道釋三教皆我所養。」意思是說，大地之母養育萬物，人人受哺受乳但最後卻都不認親娘，雖然如此，親娘飼育子女卻依然含辛茹苦不曾有抱怨。

中國人的道教諸神，幾乎都是出於對山川日月的擬人化想像，地母也是出自同一源流，將人們的食衣住行歸功於大地的施贈，如同母親般任我們予取予求，地母之名因此隨緣而生。

全省各地幾乎都有地母廟，較具規模的，應是台南二龍山的地母廟。該廟最大的特色就是神桌上不供拜神像，初訪該廟的人一定心裡很納悶，是不是連買神像的錢都窮得湊不出來？非也！據說廟方當時是得到地母的指示才不塑雕像，藉以顯示地母無量無邊的偉大，至於地母的形象為何，則需依靠個人的想像力去發揮。

當年有緣到二龍山參拜時，同行的師姐們說，他們所看到的地母非常的宏偉巨大，站在祂的面前就像螞蟻遇見大象般的懸殊。

那次到二龍山是為了向地母祝壽，我面向虛空的地母神桌，無法如通靈師姐般看得到地母的形象，但卻能感受到一股巨大的、無形的能量，如隱者般的在空間中流動，這股莫名的悸動，使我伏跪在虛空面前，雙手捧香向祂祝禱。

那晚返家就寢後，沒多久就看見一位貴婦裝扮的女人入夢來，她慈眉善目笑臉盈盈，衣著唐服很像日劇「大奧」裡的御台守裝扮，夢裡我稱它爲地母，還笑說地母怎會這麼年輕，她回說：「我司掌大地萬物孕育、生長，四季循序秋收冬藏，都是我該操勞的事情。」

她的回答有些答非所問，但夢醒之後再三回味，隱然發現她說的雖是四季生長的事情，但如果沒有彼此的結合情境，怎會有孕育、生長的事情？那時有些明白她說的含意，只是不明白爲何要告訴我這些？現在終於有些了解，原來未卜先知的地母，早已知道若干年後即將出版本書。

除了台南的二龍山地母廟之外，雲林古坑的地母廟造型亦相當有特色。一般的道教神尊大抵都是坐龍鳳椅，唯獨古坑的地母是坐在地球上，根據了解內情的人指出，地球地母主要是掌管人間瘟疫、災難等等的事情，當天災人禍發生時，慈悲的地母就要發揮祂無邊的法力，爲人們消弭災難。

埔里的寶湖宮地母廟據說也是位高權重，有人說祂是金地母，位居三十六天之上，但寶湖宮除了地母的能量強大之外，該宮還有一處陰陽八卦池，按乾坤八卦造型佈陣，每年在固定的時間開放，供人入內採納靈氣。若有幸到寶湖宮一遊，又逢八卦池開放，請千萬不要客氣，務必在池內多待一下子，以免入寶山空手而回。

在八卦池內採氣時，要記得按說明循線走八卦，同時內心要誦念：「祈請地母與我相應。」心有所思，由內心向外投射的能量才能與地母能量接軌，走完八卦池之後也不要急著隨人群出來，可以在池內先靜站默想，讓地母能量與你的身體磁場融爲一體再離開。

埔里地母有八卦池，台北新店碧潭邊上也有一間茅屋八卦地母廟，這間地母廟知道的人不多，卻建得很有特色。全廟以八卦型建造，並用稻草覆蓋，顯得樸實而不失莊嚴。相傳這是很久以前，有位女性修行者在此羽化成仙，並囑人爲其建蓋茅草房而得名。若是有機緣到茅屋地母廟參拜，除了準備四品禮物拜拜祈求人氣之外，也別忘記繞著八卦茅屋左三圈右三圈，讓地母的靈氣幫你打通任督二脈，使你人緣倍增、人氣翻紅。

想求桃花人緣，可到以下宮廟拜拜：

1、**台北迪化街城隍廟**：供拜月下老人。
2、**宜蘭四結金土地公廟**：供拜月下老人。
3、**日月潭龍鳳宮**：供拜月下老人。
4、**台南大天后宮**：供拜月下老人。
5、**台北福德街奉天宮**：供拜太陰星君。
6、**台北龍山寺**：供拜太陰星君。
7、**台中大甲鎮瀾宮**：供拜太陰星君。
8、**埔里寶湖宮帝母廟**：供拜太陰星君。
9、**台南市開隆宮七娘媽廟**：供拜七仙女。
10、**新竹北埔鄉五指山七仙女娘廟**：供拜七仙女娘。

求桃花需準備的供品

地母廟在全省各地分布極廣，向地母求桃花時有一些特殊的方式，提供各位做參考。

首先，一樣需備齊花果燭和廟方的十二份四色金，此外，請多準備一條紅線，長度以可以繞手腕或腳踝三圈爲主。

拜妥起身之後，需拿起備好的紅線在香爐上，左右各繞三圈，再請他人爲你繫上。如果你是女生，請繫在右手腕上，如果你是男性則繫於左腳，繫好後均打兩次死結，讓此力量持續發揮。

一般求人緣桃花都是用黃色香水百合居多，若是求姻緣則用白色或紅色的百合，即能在短時間內獲得功效。

另外，請記得在徵得地母同意（擲筊）之後，將花帶回家中擺放，擺放的位置宜在房間的東北方。

所謂爛桃花，泛指一廂情願的桃花，一人想逃另一人又窮追猛打，完全不是兩情相悅的理想劇情，抑或是二人世界憑空闖入第三者等等，若是有這些情形就得斬桃花了。

斬桃花的方法有很多種，比較正式的方法是到廟裡去，向神明稟明原委之後請神佛作主，在神明的見證下，將桃花斬得乾淨光溜。

例如，欲斬老公的桃花，就要準備好一張紅紙，上面寫明老公的姓名、出生年月日、住址，以及帶上一件老公穿過的上衣，此外還要準備四支玫瑰花和一把剪刀。

備妥上項物件之後，即可隻身前往廟裡，一般我們都是在北縣新莊地藏庵斬桃花，你也可以去你相熟的廟裡請神明斬除。

入廟後將上項物品一一擺妥（剪刀不能拜，先放皮包內），將玫瑰花壓在老公的衣服上，寫好的紅紙壓在衣服下，然後點香稟報，並照步驟一一斬除桃花。

稟報的內容應約略敘述如下：

> 我倆當初深刻相愛、患難與共，無奈今日因有第三者〇〇〇介入，以致夫妻感情否變，丈夫失責，為人妻者情何以堪？今日伏跪駕前，敬備花衣以去無明桃花，惟望神佛明鑑，慈悲如長，為我仗義，使我夫妻感情和合、家庭和睦，以續人倫，
>
> 〇〇〇百拜
>
> 跪求等等

稟完之後要擲筊請示，連續三聖筊就代表神明答應要幫你出頭。如果沒有三聖筊，則要再繼續求，並把事情再說得清楚些、嚴重些，直至神明點頭答應爲止。

三聖筊之後，就可以拿出包內預藏的剪刀，將玫瑰花「碎屍萬段」，代表丈夫的桃花已被連根拔除，剪完後連同紙錢、衣服、紅紙一起置入金爐內燒化，如此便大功告成！

斬桃花最少要三次，每兩週做一次效果比較顯著。

怎樣求姻緣最有效

一般男女到達適婚年紀時，通常急著嫁老公的會比急著娶老婆的要多很多，因此幾乎各地可以求姻緣的廟宇，都以女性信眾居多。尤其目前驟變的社會價值觀，殘忍的將女性二十五歲以上歸類爲熟女之後，更是急壞許多妙齡熟姊，很多登門算命的女性也千篇一律地詢問：到底何時可以遇到生命中的眞命天子？

大部分急著想把自己嫁掉的人中，都會問眞命天子何時出現，但卻很少有人發問：「我命中的眞命天子是否可以爲我帶來眞正的幸福？」

結婚其實是幾個小時內可以完成的事，但幸福的婚姻生活卻要在過完一輩子之後，才可以蓋棺論定。如果將婚姻視爲一項合夥經營的事業，那麼在一開始選擇合夥人的時候，就決定了合夥事業未來的成敗。

就因果論來說，每一個人在人生不同的階段中都有結婚的機會點，好的機會點會得到好的婚姻夥伴，不好的機會點則可能遇到劣質的合夥人。所以有人說，婚姻其實就是一項賭注，機會點的選擇也是勝敗的關鍵之一。

求姻緣，拜什麼神最有效

五母中的西王金母在能量上代表「結果」、「寬容」、「悲憫」，在擬人化的神仙家庭中，她也代表掌管一切神仙女眷的神祇。若能向這位女神祈求好的、圓滿的婚姻，並蒙她的眷顧與祝福，就可讓想結婚的人在適當的時機遇到適當的人。

祈求美好姻緣的最佳時機，通常是西王金母壽誕時。西王金母的壽誕是每年農曆的八月八日，相傳這天金母辦瑤池大會，群仙聚集祝壽，趁祝壽時向金母請託，通常可得事半功倍之效。尤其是還沒有對象的人，可經由金母的牽引，與有緣的人不期而遇、締結良緣，或是妹有心嫁、哥無心娶時，也可以在這一天向母娘告狀，當娘的心疼女兒，自然也會幫女兒討個公道。

農曆八月八日瑤池大會這天，可以準備以下四品禮物，前往金母廟祈求。

1、花果燭備齊。

2、四色金十二份。

3、大箔壽金十二份。

4、壽金十二份。

5、龍鳳燭一對。

6、壽桃十二顆。

7、壽麵兩把。

8、稟文。

拜拜的程序一樣如前所述，不一樣的地方只有所託之事不同而已。如果同時有兩個以上的對象要選擇，也可以在這一天以擲筊請示，作爲擇偶的參考，通常也都會有不錯的感應。

之前有一位朋友的姊姊，正在發愁不知該委身下嫁何人時，也曾以相同的方式去求金母提供參考意見。結果金母選中的並不是她心目中的理想人選，當時她連擲數筊都是相同的結果，後來她索性跟金母說，如果金母覺得她最喜歡的人不好，那麼就顯現神蹟，讓她知道那人哪裡不好，金母一筊應允。

過了幾天，朋友的姊姊無意中發現男友的簡訊，竟然早已有固定的女友，而她只是一名「備娶生」而已。悲憤之餘，姊姊賭氣下嫁金母挑中的男友，時過三年，現在丈夫的事業扶搖直上，她也成爲一對兒女的媽媽，如今她十分慶幸自己當初的「衝動」，讓她成爲婚姻上的贏家。

命運的神奇之處，經常是在塵埃落定後，回顧過去時才恍然這巧妙的安排，有時你最不在意的人，才是眞正幸福的給予者。

有這麼一說，一般人都把西王金母和王母娘娘混爲一談，但據山海經所說，西王金母最早是掌管瘟疫、病毒的獸面人身女神，人們望而畏之，每每都得朝山進貢，討好這位女神不要對人類施毒。但在西遊記中的西王金母瑤池蟠桃盛會，作者吳承恩幫西王金母上妝，將他改換造型，搖身一變成爲掌管後宮仙女的「皇太后」，從此西王金母便成爲人們膜拜的對象。

至於王母娘娘就稍有不同，如果西王金母是西方精氣所化的神祇，那麼王母娘娘則是中國歷代德行昭儀的后妃，於死後被敕封爲王母娘娘。也就是說，西王金母只有一位，王母娘娘則是集眾母儀天下的后妃於一身的代名詞。演變至今許多人都分不清其差異性，所以在此順道一提。

所謂心誠則靈，不管是拜金母或王母，或是混搭一起拜都沒關係，誠心誠意膜拜，照樣讓你心想事成滿意笑呵呵。

去哪裡拜最有效

全省最有名的金母廟絕對是花蓮的慈惠總堂，多年前因為廟內執事意見不同，隨後即在慈惠總堂旁另立勝安宮，供拜王母娘娘。據說當年一分為二時，慈惠堂分得金爐，勝安宮則帶走金身，至今兩廟香火不分軒輊。且因為是咫尺之距，所以香客盈盈，兩間廟大家都會連同參拜。有時想想，雖說人爭一口氣佛爭一爐香，但是分裂的結果反而使得金母、王母的道法更為遠揚，兩廟主事或許至今仍然不予多言，但因勢利導，兩造母娘說不定早已握手言和、共享香火哩。

王母或金母娘娘充分代表的是人道神祇，只要是人類的命源都主張出自母娘之懷。所以進母娘廟時，常會聽到香客被稱爲「龍兒鳳女」，你不要以爲這些人都是特權份子，在金母、王母的眼中，你也是他們的龍兒鳳女。

順帶一提，求財運時，來向母娘請託也是一個不錯的選擇，畢竟當媽的人可是見不得兒女潦倒落拓的，只要兒女上前唉兩聲，還不一時心軟取出壓箱家底襄助？只是看你怎麼說（請見第三章），才會讓老娘親心生不捨含淚點頭了。

怎樣求財運最有效

因爲人們喜歡黃金滿屋，所以招財進寶的神祇也就特別發達，尤其是財神，在台灣經濟起飛的年代，財神被賦予更專業的分類，像是文財神、武財神、五路財神、八面財神、十方財神等等，若加上密宗的黃、白財神、象鼻財神等等，財神的家族明細簡直會讓人眼花撩亂，起因很簡單，只因世人愛財勝於一切。

求財運，去哪裡拜最有效

全省的財神廟非常多，大概僅次於田頭田尾土地公的數量，且各地也都流傳著財神顯赫的神蹟。而我親眼所見的神蹟，是發生在台北奉天宮的五路財神殿上。

民國九十六年夏天，做鞋業買賣的朋友，因爲貪便宜向國外訂購一貨櫃的零碼鞋，原本想將本求利大賺一筆，哪知鞋子回到台灣，他才發現他犯了一個很嚴重的錯誤，當時他根本忽略西方人的腳丫子大我們東方人許多，那批鞋子根本沒人可以穿得下，眼看即將血本無歸，他急得兩鬢發白不知如何是好。

後來我陪他去奉天宮求五路財神幫忙，朋友很有良心也不貪求，他只跟財神爺說，只要他可以銷掉這批貨，換回現金就好。為了愼重起見，朋友還擲筊請示，結果獲得財神爺的「聖筊」應允，意思是說七天後將可把這批零碼鞋悉數處理完畢。

朋友獲得這樣的「指示」，心裡簡直哭笑不得，這批貨的成本將近八百萬，他心知肚明，就算一百個七天他也賣不完這批鞋，但財神爺已經這麼說了，他也只能聽天由命看老天安排了。

時間一天一天的過去，轉眼七天將屆，朋友哭喪著臉，一副欲哭無淚的樣子，我心裡很替他著急，也擔心財神爺的法力即將受到質疑。

事無不巧，第七天的傍晚，我去他店裡品嚐三十年老普洱，據說叫價最貴時，一餅茶要二十萬元，黃橙橙的茶湯清澈通透，瓊漿入喉，底蘊回甘，的確物有所值，但朋友卻爲他的那批鞋而茶飯無味。此時，電話鈴響，朋友無精打采地「喂」了一聲，靜默片刻，突然雙瞳發放異彩，講話聲調也逐漸大聲起來，整個人像死而復活一樣精神抖擻。

掛斷電話後他喜出望外仰天長嘯，等他冷靜後問明原因，才知道他有位在南非的同行，回台灣想收購本地的貨底，順口問他有沒有門路。朋友正愁沒地方銷貨，哪知一通電話使得人生大不同，隔天他的朋友前往看貨，三聲兩下雙方談好價錢，一星期後這批貨再度遠渡重洋，朋友也頓時解決了他的心頭大患。

兩週後朋友備足牲禮，前往奉天宮再三拜謝財神爺，此後他成了五路財神的忠實信徒，每月初一、十五他必定親往答謝。或許是他的誠意和五路財神培養了良好的感情，從那次以後，他的事業一路直上，且已至大陸設廠，訂單源源不斷。

同樣的神蹟也發生在一位緬甸歸來的朋友身上，他在緬甸從事成衣工廠，因不敵金融危機，且加上管理失當，最後只好收拾包袱關廠返台。

回到台灣後，他憑著過去的關係，試著從事各種材料的買賣，從土地到銅礦，從砂石進口到玉米、紅豆買賣，奇妙的是，每一次都只差臨門一腳，若不是賣方不出貨就是買方又後悔，反正就是一波三折，弄到最後賠了夫人又折兵。

後來他透過朋友介紹，去見了一位通靈師姐，那位師姐跟他說，他有一條靈曾跟桃園龍潭的南天宮財神有緣，要他去南天宮拜請財神，順便將財庫領回來。

軍人出身的他雖然覺得有點荒謬，但還是報著寧可信其有的想法，前往拜求財神施放財庫。那天通靈師姐也陪同前往，透過通靈師姐的解讀，才知道這家財神曾在某世輪迴中，與他曾是手足兄弟，這下好了，差館有人好辦事，從那次以後，他的生意似乎是水到渠成，過山出海也都順利得叫人咋舌。

拜神、求神是一種很奇妙的感應，透過心誠則靈的雙向交流，當機運出現的剎那，你都想咬咬自己的手指頭，看看自己是不是在做夢。

一般民眾多以爲求財一定要向財神求助，其實並不見得。但除了上述財神之外，我們還可以向誰求救呢？

研究這個問題之前，可以先從另一個角度思考，神明的財是從哪裡來的？按表面所看到的景象，大廟香客多，燒的紙錢也多，因此大廟的神明鐵定財比較多。所以不妨多親近大廟的神祇，經常性的前往燒香祈求，時機到來時，祂必定毫不吝嗇地送你一筆大財。

曾有位朋友住在北縣汐止的伯爵山莊附近，無意中發現住家旁有一間小小的土地公廟，於是那天下班回家經過時，向土地公祈求，保佑他工作順利、財源廣進，說畢還恭敬地行禮如儀才回家。

那晚他夢見一位面黃肌瘦、衣衫襤褸的老人來找他，老人對他說：「我是本地的小山神，我自己都缺衣缺糧，怎麼保佑你家財萬貫啊？」

朋友醒來後，回憶了一下夢中所遇，不覺莞爾一笑，心想，人只想著求神，沒想到神也會入人夢乞討，隨後便準備了一些牲禮和豐厚的紙錢，再到土地公廟祭拜。

此後那位小小的山神不曾再到朋友夢中，但朋友卻養成習慣，每當初一十五，便到土地公廟祭一祭土地公的五臟廟。奇怪的是，此後的幾年他一路平步青雲，原本家人建議他到北市買屋居住，但他想了想，還是決定留在汐止陪陪他的山神朋友。

有句台灣話說：「有神也要有人」，意思是說，神助人也需要人敬神，彼此之間才會產生強大的力量，繼而相互幫助，各取所需。

求財運需準備的供品

不管哪一種財神，祂的職責就是爲人送財、爲眾生去貧迎富，要轉化財神的能量和一般拜神祈福略有不同，需準備的四品禮物如下：

1、五色混合豆（紅豆、綠豆、黑豆、黃豆、白豆，多寡不拘）。
2、薑、鹽、金針、黑木耳、紅辣椒各一盤（多寡不拘）。
3、四色金十二份。
4、壽生蓮花五朵。
5、壽生錢一刀。
6、補運錢一刀。
7、金元寶三盒。
8、稟文。

拜拜求神要有耐心，準備四品禮物時也許會覺得很繁瑣，但是易位而處，財神爺要幫你無中生有，送你一堆金銀財寶也不是簡單的事，相比之下，一時的忙碌也就不算什麼了，還是那句老話，拜拜靠的就是「三心二意」，方能有求必應。

求財運四步驟

依序拜好，並將紙錢燒化後，供品全帶回家中，注意事項如下：

1、五色豆要全數灑在住家或公司附近，稱爲五路引財。

2、薑與紅辣椒置於辦公桌左側，薑有「獎」音，「種薑」與「中獎」諧音，有吉祥之意。

3、鹽需置於廚房或茶水間，取守財庫之意。

4、金針則可煮菜時入菜食用，以增加招財能量。

怎樣求金榜題名最有效

求考運，拜什麼神最有效

想要金榜題名，自然得求文昌帝君了。

文昌帝君共有五位，一般稱為文昌五夫子，如果連至聖先師孔子、亞聖孟子、諸子百家通通羅列，文昌神祇恐怕也是族繁不及備載。只是後來為求統一和方便起見，一般廟宇大都供奉文昌帝君或五文昌。

顧名思義，文昌帝君司掌科名、智慧，每年升學考試屆臨時，夫子廟的供桌上總是堆滿供品和考生的准考證，望子成龍、望女成鳳的天下父母心可見一斑。

認眞來說，拜文昌帝君應該是在平常時就必須養成習慣，透過文昌帝君的加持，可以助莘莘學子安穩身心讀得下書，智慧早開且一目十行。

只是，考試時拜文昌是祈求考運順利，平時拜文昌則是祈求智慧增長，兩者是不一樣的訴求。但平時若沒有締結關係，到考試時才匆匆而來，如此的臨時抱佛腳，有時也不免強「神」所難。

向誰求最有效

欲求學業進步、金榜題名，除了祈求文昌帝君之外，以下神祇也多有靈驗，而祈求方式與求文昌帝君相同。

1、**五夫子廟**：五夫子是指周敦頤、程頤、程顥、張載、朱熹五位大家。他們在歷史上都留下不可抹滅貢獻，而學識淵博、學富五車，更是當時翹楚，台灣民間也有多處奉拜五夫子的廟宇，供信徒祈求。

2、**文衡帝君**：文衡帝君就是關聖帝君的另稱，關公是山西人，也稱山西夫子。關公允文允武，日舞大刀夜讀春秋，被視爲文武雙全的最佳代表，因此也被尊崇爲五文昌之一。

3、**五文昌廟**：五文昌是指梓潼帝君、文衡帝君、孚佑帝君、朱衣星君、魁星星君。

4、**至聖孔子廟**：孔子是儒教教主，曾於戰國期間遊歷諸國廣爲說法，畢生精研百家之學，被後人奉爲至聖先師。

求考運，去哪裡拜最有效

一般專門供奉文昌帝君的廟宇並不多見，但爲了應付廣大的學子需求，文昌殿幾乎是每一家大廟的必然配備。例如台北龍山寺的後殿就有文昌帝君的偏殿，每年應考季節時，考生的准考證必定鋪滿供桌。

比較有趣的是，捷運雙連站附近有一家專拜文昌帝君的廟，據說這間廟的文昌帝君相當嚴厲，不但會保佑考生考上好學校，在準備考試期間也都會前往考生家，督促學生勤奮向學。

若遇有邊讀書還邊傳簡訊給朋友的學生，相傳文昌帝君會給予兩種不同的待遇，要不是手機突然斷電，就是頭會忽然痛起來，這樣的事屢傳不鮮，但是眞是假就只能憑個人臆測了。

較具眞實性的是一位遠房親戚，爲了小孩考試，她前往求助文昌帝君，文昌帝君給了她一支上上籤，說明她的兒子會考上好學校。親戚在好奇心的驅使下，又問是哪一家好學校，但一直都擲不出肯定的筊。親戚心裡急得不得了，心想好學校都說光了，怎麼還不見一個聖筊？難不成那張上上籤是要逆向解讀？

幾個月後答案終於揭曉，那年元宵過後，她的先生奉調上海，親戚擔心先生隻身前往會發生二奶事件，於是決定犧牲兒子的「前途」，全家遷居上海。而那年六月，她的兒子以生澀的簡體字參加上海的升學考試，沒想到名列金榜，進入一所優良的學校就讀，親戚喜出望外，這才體會出當時怎麼問都沒有

「杯」的原因，原來文昌帝君早已算準他們會移居海外了。

其實，全省各地每一間廟宇幾乎都主祀或配祀有文昌帝君，足見爲人父母者望子成龍、望女成鳳的一片苦心。司掌學業、科名的文昌帝君，因擁有眾多的香客信眾而廣爲流傳於民間。

流傳於各地的文昌帝君顯靈事蹟多如牛毛，印象中最深刻的，應是雲林縣東勢厝的賜安宮，該廟配祀有文昌帝君，妙的是這家的文昌帝君連英文都看得懂。

東勢厝有一戶王姓人家，王先生早年白手起家，中年後家境富裕，唯望女兒能出人頭地，因此，女兒高中畢業後就將她送往英國念書。

一晃眼就是七年，直到研究所即將畢業時，女兒因碩士論文一再出問題，以致無法畢業，心急的王先生夫婦便拿著整本洋文的畢業論文，到賜安宮去找文昌帝君。

王太太拚了老命似的一頁一頁地擲筊，問到有問題的頁數時，又一段一行一字的問，接著將文昌帝君指示有問題的地方用紅筆圈起來，不會用電腦的這對夫妻，再請人將論文照相後，用E-mail寄到英國給女兒。

王太太在擲筊完後，還不放心地問文昌帝君，她的女兒是不是改過這些問題之後，就可以通過論文檢定？文昌帝君給的答案是不置可否的笑杯，夫妻倆覺得很奇怪，但又無法用語言溝通，最後討論之後，只得接受先把論文寄到英國的結論。

在英國的女兒看過之後，對於文昌帝君的「英文程度」簡直佩服得五體投地。因為文昌帝君所指出的問題點，不是她參考的資料有誤，就是她撰寫的立意不符要求。女兒恍然大悟之後逐一改正，並將新的論文再次寄給她的指導教授，一星期後校方助教通知她，她所寄的論文資料中內容數字錯誤，要她重新訂正。

女兒心裡很納悶，資料上的數字是她再三訂正過的，怎會屢次都是相同的問題？她打電話回台灣時順口向父母說了這事，夫妻倆聞言，隔天立刻又奔往賜安宮請示文昌帝君，擲筊了一下午，最後得到的答案是她女兒必須重返學校，親自繳交作業。

她的女兒開了近五個小時的車程回到學校，親眼看著助教將檔案放入電腦讀取，果不其然，內容中的數字再次出現錯誤，和助教討論許久之後，他們終於找到了問題的眞相！

原來學校使用的軟體是舊版的，王先生夫婦爲了讓女兒順利完成學業，花了數萬元爲女兒添購新版軟體，新舊版軟體產生排斥，造成讀取時出現不同的數字。

問題解決之後，女兒興高采烈地打電話回台灣報告好消息，王家夫婦自然又是準備豐富的供品，開心地前往賜安宮酬神。

同樣的文昌帝君顯靈事蹟，也發生在台北雙連的文昌廟中。在七月考季將到之前，一位媽媽手提一籃水果和一束鮮花，來到了文昌廟前。她愁容滿面地跟文昌帝君說，她的先生早逝，她一個女人撫養獨子，爲了給小孩好的環境，她每天在菜市場賣菜，爲了一元五毛對客人低聲下氣。過去也曾有人想介紹對象給她這個寡婦，但她擔心繼父不能善待兒子，所以選擇終身不再嫁，決心把兒子栽培成材。

但在數個月前，她的兒子留書離家出走，她找遍所有地方始終找不到她的兒子，無所適從的她，才會來這裡和文昌帝君訴苦。這位媽媽以前常來這座文昌廟，但多半是來求文昌保佑她的兒子讀書成績好。現在兒子不見了，她只求文昌帝君顯靈，幫她找回兒子，書讀得好不好她已經不在乎了，她只要兒子平安歸來。她邊說邊哭，惹得旁人也不禁為她一陣唏噓。

大約一個月後，這位媽媽又出現在文昌廟裡了，而且這次她是滿臉笑容、精神奕奕。她跟文昌帝君說，她的兒子已經回來了，而且變得比以前更乖巧貼心，並向媽媽保證要考上好的高中。這位媽媽不但是來感謝文昌帝君，還請求無論如何都要保佑她兒子有個好學校念。她還說，只要兒子有個好學校念就可以了，其他的她不奢望。

但是放榜時，她的兒子不僅考上好學校，而且還是前三志願。這下媽媽為了兒子將來的大學學費，在市場賣菜腰非得更軟不可了。

事後閒談時才知道，這位媽媽來向文昌帝君「報案」之後，她因為每天擔心兒子安危，所以幾乎無心賣菜。有一天從菜市場收工返家，赫然發現兒子坐在家中等她，兒子跟她說，他連續好幾天都夢見一個老人，那個老人每次都用教鞭打他的背，還一直說他是不肖子，要他趕快回家。

他醒來後原本不以爲意，但事後被朋友發現他的背隱約有幾條瘀青痕跡，那時他突然覺得很對不起每天爲他辛苦的媽媽，所以偷偷離開一起離家的朋友。回來後，兒子還跪在媽媽面前，請求媽媽原諒。

此後數月，兒子不時在夢中遇見打他的老人，老人還會叫他趕緊起床讀書，不可再睡懶覺，就這樣衝刺了兩個多月後，終於考上好的學校。

想來文昌帝君也不好當，一方面高高在上受人香火，一方面還得充當警察代人尋子，最後還要執起教鞭，當一個吃力不討好的家教。

但話說回來，如果當時不是這位媽媽眞情感召，引動神明的惻隱之心，她又怎能求得神明相助，重新找回她和她兒子的人生？

求考運應準備的供品

平時供拜文昌帝君時，需準備的四品禮物如下：

1、四色金三份。

2、補運錢三支（每一支的首張要寫上姓名、出生年月日、住址）。

3、芹菜一把（代表勤，用紅線圈頭）。

4、韭菜一把（代表久，用紅線圈頭）。

5、黑白芝麻一盤（數量不拘，代表吸收的智慧和歸納的智慧，並用紅紙寫上姓名、出生年月日，置於盤上）。

6、富貴竹一支（代表節節高昇）。

7、稟文。

求考運三步驟

備妥上述的四品禮物之後，拜拜儀式如前所說。拜好之後，四品禮物中的紙錢要燒化，至於芹菜、韭菜、黑白芝麻、富貴竹要帶回家，帶回家後的各項作法如下：

1、芹菜、韭菜取一小截置於紅包內，放在書包或公事包，其餘可入菜。

2、黑白芝麻取一小搓，置於紅包內，其餘可食。

3、富貴竹放置於書桌左上方，代表精進與福慧。（富貴竹在第一次拜文昌帝君時用即可，第二次以後不用再買富貴竹。）

平時拜文昌是希望當事人在學習時，可以透過能量的加持而認眞積極，不爲外力影響荒廢學業，同時也讓智慧清明，可以增強記憶和理解能力。通常文昌帝君一個月拜一次即可，去時要將上述的紅包袋帶著，連同紙錢一起燒化。

至於臨屆考試，希望金榜題名的拜法又稍有不同，介紹如下：

1、紙錢同前所述。

2、天庫、地庫、水庫錢各二十支。

3、甘蔗一截（共要有三個節，上下各以紅棉線繞三圈）。

4、象棋中的「紅士」一顆。

5、准考證影本一份。

6、稟文。

一切行禮如儀，拜好後將紙錢、准考證影本、稟文全部燒化，「紅士」在香爐上順、逆過個三圈之後，裝在紅包袋內帶在身上，考試時也務必隨身攜帶（這點很重要！）。

甘蔗帶回家後要放在書桌上擺著，一直到考完試後才可以丟棄。

考完後要立刻再去文昌廟拜一次，因爲這時開始閱卷，有時差之毫釐失之千里，不管人工閱卷或電腦閱卷，有時稍稍有點不一樣就會影響錄取與否，所以**考完後的稟報才是求考運的關鍵所在**。

總之，既然說的是拜拜求運，禮多人不怪，說得越清楚、拜得越虔誠，所得到的祝福當然也越多，這就是《這樣拜才有效》的天機所在。

第五章

絕對不能這樣拜！
50項拜拜時絕不可犯的注意事項

⊙ 衣著篇

⊙ 供品篇

⊙ 行為篇

⊙ 傳統說法篇

⊙ 疑難雜症篇

衣著篇

1、為何入廟不宜衣著暴露，或是著短褲、拖鞋、無袖上衣？

正解

不論是寺、廟、堂等等地方，都是清淨清修之地，衣著乾淨整齊不暴露，不僅代表對神佛的崇敬心意，另一方面也是自我保護的方法。因爲廟宇是六道眾生出入的地方，人有善惡、靈有正邪，衣著太過隨便有時容易遇到惡靈騷擾，尤其是女子衣著露胸、露股溝，往往會在廟宇中招來不好的邪靈，因此衣著穿戴整齊，可說是進入廟宇表達誠意的第一道門檻。

2、拜拜時為何盡量不要穿著黑色上衣？

正解

從色彩學來說，黑色代表結束或停滯，科學家實驗證明，黑色會使生命力萎縮、拒絕或終結；從民俗習慣來說，世界各國幾乎千篇一律以「黑色」作爲喪事的代表色，和色彩學的理論具有不謀而合之處。

廟宇的神尊具有神聖之光，當你進入廟宇之後，祂可以淨化你的磁場、轉化你的能量，但如果你穿著黑色的衣服，代表你下意識拒絕接受聖潔之光，那麼想進入廟宇祈求祝福的用意就會變成徒勞無功，因此，入廟不穿黑幾乎是一般民間信仰約定俗成的默契。

3、入廟宜穿紅、黃、白、藍色，或是其他色彩亮麗服飾為佳？

正解

人體氣場能量學中，認爲不同的顏色會展現不同的能量，人的潛意識很妙，衣著顏色的選擇往往伴隨著你當下的心情而決定。同時，色彩學也認爲，七色光譜具有不同的能量，能給予個人不同的幫助。

因此，入廟時，神尊的聖潔之光會主動對應你所穿的衣服顏色，而予以調整你的氣場至最佳狀態。除黑色之外，各種顏色都具有不同的能量，天人交感後，即使你不開口，彼此間的色彩能量也能自動對流。例如白色代表吸納和散發、紅色代表積極和生氣、黃色代表物欲的追求等等，廟堂之光會融入你的氣場內，這就是所謂的天人交感。

4、為何幫小孩收驚，一次只能帶一件衣服？

正解

道家的術數認爲人有三魂七魄，如果少了其中之一，夜晚睡覺就會不安寧，或者白天會恍神，甚至可能遇到一些倒楣事。此時一般民俗習慣都會懷疑是少了一條魂或一條魄所致，因此「收驚」的產業才會應運而生。

收驚的另一名稱是「收魂」，兩者合起來解釋，就是把受到驚嚇的魂魄收回來。受到驚嚇的原因很多，小孩子夜晚啼哭不止，通常是下午五點過後沖犯夜遊神。而大人的原因比較複雜，有些人是發生意外措手不及而受到驚嚇，例如車禍、撞傷、跌倒等等。

收驚時最好是本人到現場，本人若無法到現場參與，則由家人攜帶當事人的衣服來作收魂法術，做好之後該件衣服要在睡覺時穿，因此只要一件即可。

5、為何小孩收驚的衣服最好帶上衣、不要帶連身衣？

正解

收驚的作用主要是爲了將驚嚇的魂魄收回來，使得當事人神魂俱在，免得「失魂落魄」或是少根筋。因此，用衣服收魂最主要的關鍵是收驚用的衣服必須是穿過的才行，道家法術認爲衣服被穿過後，必有當事人的魂體靈量留在衣服上，亦即：凡走過必留下痕跡，凡穿過必留下奇蹟。用衣服上的殘留魂魄派兵將出外尋找相同的靈魂體，猶如緝私犬的道理一樣，先讓狗狗聞一聞毒品的味道，再帶去尋找毒梟藏毒之處，在道家的收驚學上稱爲「攝魂法」。

小孩的衣服用在攝魂法上，均是以上衣爲主，因爲道家認爲魂魄殘影是留在上衣並非褲子，所以只要是上衣、連身衣，基本上都可以作爲收驚、收魂之用。

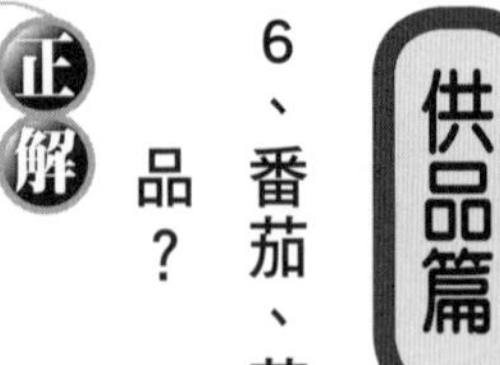

供品篇

6、番茄、芭樂、釋迦、草莓、蓮霧等「籽可入腹」的果品不可當供品？

正解

供拜神佛的果品應以新鮮、乾淨爲宜，一般人認爲水果中的番茄、芭樂、草莓的種籽均可入食，再經由腸道排泄出來，對神佛來說供拜這些果品有不敬之意。

果品釋迦是因爲其名和釋迦牟尼佛同名同音，意識型態上吃釋迦很像吃佛陀的感覺，因此一般人也會認爲不敬，故拜拜時不以釋迦拜佛。另有一說認爲釋迦牟尼佛是佛教教主，境界遠高於一般神祇之上，拿釋迦來拜神有以上供下之意，所以也會刻意避之。

蓮霧不拜神則是基於現實考量，大部分拜神以求財居多，「蓮霧」的名稱有朦朧看不清前方之意，求運、求財誰會希望自己是「蓮霧」見不到光明前途？又另一方面來說，蓮霧的臍頭凹陷，一般會認爲是財務下陷的表徵，雖然很多人以蓮霧拜神，但筆者拜神多年還是「寧可信其有」，不敢拿自己的身家輕易嘗試。

正解

7、酸澀苦果品不宜上供神佛，如檸檬、苦瓜、酪梨等？

留心一下廟宇的供桌上，偶爾會散見有人供上檸檬酪梨等果品，最令人百思不得其解的是竟然有人上奉苦瓜？拜神的用意是因爲有些人力不可及的問題，想要透過神力來幫忙，所以在拜拜的意涵上，大都是採用寓有吉祥名稱的果品，例如蘋果（平安）、橘（吉）、香蕉（香、交）等等。

同理，檸檬的酸、酪梨的無味，都不具有吉祥意涵，至於苦瓜……那更是可想而知了。苦瓜降火、消毒、清腸胃，是很好的美食，但在拜拜時卻怎樣也輪不上它，不但如此，過年正月前不吃苦瓜，結婚、喬遷半年內不吃苦瓜，可憐的苦瓜，在求好運時是怎樣也排不上檔的，至於爲何會有人拜苦瓜？那眞的是百思不得其解的事。

8、拜拜用三牲才算有誠意嗎？

拜拜用三牲需要看場合，如果是佛寺當然是不敬的，淨土宗佛教強調不殺生，佛陀因慈悲而希望大家吃素，你用三牲拜佛陀就強「佛」所難啦！但一般道教的神祇大部分都接受三牲的供品，一般解釋是說神仍在三界（天地人）內輪迴，因此有些神是吃葷的，或者幫祂辦事的兵將是吃葷的神祇，所以必須用三牲敬獻以表現誠意。

但素食者若要拜神，也可以素食拜之，不需要特別準備三牲。神祇之所以高於人、受人信仰膜拜，只是因爲祂比你多懂得一點點，遇有心懷慈悲的素食者以素食供奉，祂也會以歡喜心接受。

拜拜有很多繁文褥節，但最重要的還是自然與歡喜，給自己太多無謂的羈絆，只會妨礙你與神祇間的交流。

9、拜拜的水果有限制，那麼花有沒有限制？哪些花不能拜？

正解

求神講究心意、拜神注重吉利，對於獻花給神祇有這麼一說：今生何美麗？前世香花供佛前。意思是說，有些人長得帥氣挺拔或美麗動人，按因果論說，是因為這些俊男美女，常常以香花供佛。

鮮花在四品禮物中，代表的是「締結與神佛間美麗的緣份」，大部分的人會為了這份美麗而精心挑選漂亮的花供奉神尊，大體上只要是新鮮、美麗的花朵，都會是供神的最佳選擇。

唯獨白色的菊花一般人不太會考慮把它獻上神桌，因為白菊花會讓人與「精神永在」、「駕鶴西歸」、「永垂不朽」等成語聯想。因此為了避免這些觸霉頭的想像存在，白菊花從此成了神桌上的絕緣品。近年來，白菊花的姊姊黃菊花受到民生物資充裕的影響，也成了告別會場上的座上嘉賓，所以這一對黃白姊妹花就成了拜拜時的拒絕往來戶。但在一些女神的神桌上，還是會看到成束的黃菊在神桌上展現風采，筆者個人覺得黃菊看來優雅、脫俗、莊嚴，也不失爲供神的廉價花材。

10、為什麼拜過的糯米、龍眼要在廟內馬上吃掉？

在拜拜的補運儀式中，金字塔型的甜糯米和龍眼乾是不可或缺的兩樣道具。相傳糯米因具有黏性，所以可以把廟裡神明的賜福黏著，一口一口的吃下神明的祝福，並增加個人的好運氣。

補運之意就是驅走壞運增補好運，甜糯米可增補好運，龍眼乾則扮演驅凶的功能，將整顆的龍眼乾壓碎，代表壞運被破壞殆盡，而你脫殼勝出，因此這兩樣東西都必須在神明的見證下吃掉，藉由神力加持讓你否極泰來。

另有一說，龍眼乾需在廟裡壓碎吃掉，而甜糯米糕需帶回家中擺放，這個用意也是基於將「神氣」帶回家中之意，要用哪種方式取得好運，端看個人的理解與選擇。

11、鮮花（如玉蘭花）也是供品的一種嗎？那兩顆蘋果加上一把玉蘭花也算是單數的組合嗎？

正解

鮮花是四品禮物中的一種，很多人以玉蘭花供神，主要的傳說和寓意有二：一是據傳玉蘭花的香氣襲人，和佛經中描述的佛陀淨土世界中的奇花異卉很像，又說每當觀音聞聲救苦，將以法相示人之際，必先傳花香引路。因此，一般皆以玉蘭花爲奉拜觀音或神佛的上上首選。

其二的原因是，玉蘭花又名「朝露花」，早上鮮豔欲滴到了晚上就香消玉殞，佛陀藉這短暫的生命，提醒世人人生苦短人身難得，更應以此爲鑑持修不懈。

把花和果疊在一起算一份，基本上是沒什麼道理的，因爲花是花、果是果，兩種供拜的理由和意義截然不同，不能混為一談。只是說拜拜是隨心意與能力供拜，在能力所及之下，一切還是如法如儀最恰當。

12、拜過神的供品還可以再拿來拜祖先嗎？

這是一個很好的問題！基本上陽可轉陰、陰不可轉陽，也就是說，拜神是屬於「陽」的活動，拜祖先是屬於「陰」的活動。在上述的原則下，奉拜神明的供品禮物是可以再拿來拜祖先的。反過來說，先拜過祖先、陰廟的供品就不能夠再拿來拜神明。

另外，「陽也可以轉陽」，假設你同時要去兩家以上的廟宇拜拜，只帶一份供品，那麼必須先把供品拜位階比較高的神尊。例如你同時要去拜城隍爺和土地公，那麼就先去拜城隍爺再去見土地公，由上至下的膜拜是禮制也是傳承。

行為篇

13、廟宇四周的欄杆不可倚靠或攀坐

法界眾生有形者，如人或任何動物，無形者一律稱爲「靈體」，屬於一般人肉眼看不到的存在。廟宇中有形肉體或無形靈體眾多，廟裡的欄杆、龍柱常常是很多你看不到的靈體攀附的地方，你無心的坐臥攀難免會有「冒犯」靈體之處。這就像你看見椅子上有人，你是絕不可能坐在那人身上的，但如果椅子上坐的是你看不見的靈體，在不知情的狀況坐下，有時也會給自己帶來不必要的麻煩。因此，在廟裡有椅子的地方但坐無妨，但若是欄杆、牆壁、龍柱等，最好還是保持站立的姿勢爲宜。

14、入廟拜拜時不可吵架生氣或爭執憤怒？

大家平常都會說「和氣生財」，進入廟宇必定是有所求，如果入廟後與人吵架、爭執、生氣，對喜愛和平的神來說，祂會要你消氣後再來談要求何事。在靈界，每個人都有一本功德簿，上面記載著你做過的好事，但是，常常生氣或動不動就與人吵架，無名的怒火會燒掉功德簿上的功德，其中又以與六親吵架最嚴重，例如頂撞父母、夫妻吵嘴、手足鬩牆等等。

武俠小說上常提到「三昧眞火」，三昧眞火潛藏在人體內，會隨著爆發力出現，情緒如果無法控制時，三昧眞火會轉爲吵架的能量，人吵架就口出惡言，功德簿上就會少一筆，吵得越兇三昧眞火就燒得越旺，功德一下子就燒光光了。因此，在廟裡和人發生不愉快的事而吵架，是很不聰明的作法，在司掌人間善惡的地方燒自己的功德簿，你說還能求什麼？

15、入廟不可隨意說笑或是插科打諢？

正解

廟宇是神聖的殿堂，用莊嚴崇敬的心敬拜神尊，往往能獲得神光正氣的加持。相反地，行爲粗俗態度鄙陋，如登無人之室任意妄爲，將會受到「眾生」的群起撻伐。這就像參加會議一樣，如果你盡說些不著邊際的話，打斷會議的進行，也將會受到周圍的人嚴厲制止。

例如某次媽祖出巡，行列中有人開玩笑的說：「媽祖這麼漂亮，當我老婆多好。」說時遲那時快，此人話一說畢全身抽搐倒地不起，後經家人百般賠罪，那人才悠然甦醒。快人快語在朋友間或許尚稱幽默，但在廟宇殿堂還是三緘其口以免招惹橫禍。

16、點香時不宜同時手持二炷香？

中國道法禮儀制定，幾乎都是以陰陽爲基礎，單數爲陽，偶數爲陰，因此拜神時若不是一炷香插於香爐便是三炷香，這是陰陽的觀念，若插二炷香則代表陰，一般祭拜鬼靈時允許。而手持陽數香一方面合乎陰陽之道，另一方面則作爲神靈與鬼靈的區別。

但有些特殊的祭拜儀式，持香數量也會是雙數。例如靈山派朝靈見駕會以三十六炷香奉拜，這是取三十六天罡之意，做法術調兵遣將時會以七十二炷香奉拜，這是取七十二地煞之意，而一般的拜拜還是以手持陽數香爲宜。

17、插香時宜用左手，不宜用右手？

這也是來自於生活習慣和陰陽觀念的習俗。

一般人大多是右撇子，右手能使筷子、右手寫字、如廁時以右手拿衛生紙擦屁屁，一般皆認爲右手較不乾淨，因此會認爲燒香拜神，應以左手插香以示尊重。

在陰陽的哲理中，也認爲左手爲陽，是接收能量的肢體，右手爲陰是排放人體廢氣的管道，因此，用左手插香有接引、吸納神氣能量進入身體之意，右手主釋放體內廢氣，與神氣交流是爲不敬，因此一般插香習慣用左手。

但有些人是左撇子，左撇子如果是用左手擦屁屁，那麼插香時用右手即可，其餘道理均同。

18、和神明請求時，要不要唸出聲音來？

和神明溝通時唸出聲來，可以透過音頻的振動與神靈溝通，它和默想的差別是將心念轉爲有聲的語言，使得你的請求或溝通更爲具體。

想和唸有什麼差別？「想」是一種意念的產生，當這種意念產生時，身體會有所謂的「靈光」出現，神明會透過你身體的變化了解你的想法，但如果你沒有把這想法「說」出來，意念就只是意念，並不會化成有形物質，成爲你和神明間的交流。

舉例而言，A君去向一位有錢的親戚借錢，親戚早就耳聞他有金錢上的困難，雖然他坐在A君面前，他也不會主動說：我把錢借你！必定是A君自己要開口說。

所謂「求神、求神」，既然是來求了，當然是要用說的，不是用想的。不過，這是你和神明間的「祕密」，千萬不要說得很大聲，自己聽見即可，以免打擾了別人，也避免讓自己的祕密人盡皆知。

19、向神明請求，是否要把願望、時間說明得越清楚越好？求過一次之後，要過多久才能去拜第二次呢？

正解

求神時要把握「人、時、事、地、物」五個重點，詳細地向神明稟報。一方面可以訓練自己明快、清晰的表達技巧，二方面日理萬機的神明也才能清楚的知道你所求的重點爲何。

曾經有個「任性」的朋友去廟裡求神，她要神明保佑她在那一年可以賺到三百萬，但不管她怎麼擲筊，神明就是不答應，最後她「耍潑」地說：「我不管，反正祢是神，我交給祢就對了。」

當然，那一年她並沒有賺到她的三百萬，她沒有反躬自省自己的態度和表達方式，還「鐵口直斷」那家的神與她無緣不會挺她，至今她依舊周遊百家繼續「盧」神明。

通常把所求的事情說清楚講明白之後，就是以擲筊方式問神明是否可以隨心滿願，在神明以三次「聖筊」明示之後，即可叩謝打道回府。

　　這當中若有必要，也可以再來向神明稟報過程，例如已有按其所求提昇業績，但尚未達滿意標準，可再來稟報，並拜託神明再繼續加油。

　　當然最重要的還是達到目的後，別忘了依前所說，備足禮數再三叩謝。

20、如果沒有按照順序拜，要重新照順序再拜一次嗎？如果拜錯順序，會被懲罰嗎？

正解

　　拜錯順序如果是無心之過，神明是不會降罪或懲罰的，你擔心犯錯是因為你誠惶誠恐，就像努力學習的好孩子，相對而言，看著你無心之錯的神明，就像是師長或父母一樣，祂如果知道你是無心的，又怎會怪罪於你？更遑論是懲罰了。

　　按照順序拜是一種約定俗成的作法，在拜拜的領域裡，沒有人絕對不會犯錯，大家都是在錯誤中學習正確的經驗，學到之後下次不要再犯錯就行了。因此可以不用再重來一次，除非犯的是嚴重的錯誤，例如還沒拜就去燒紙錢，那麼就得重新花錢買一份，這種要花錢買經驗的事，相信是不會有人想重蹈覆轍的。

在此也說明一下入廟後的拜拜順序：

1、天公爐先拜（站在廟內，向外拜）。

2、再拜主神。

3、配神由左而右依序拜拜。

4、配神由前而後依序拜拜。

5、由一樓至頂樓依序拜拜（由低樓層先拜）。

也就是說，入廟後，一定是「天公爐先敬」→再來是「大殿主神」→「大殿左邊神祇」→「大殿右邊神祇」→配神一律先左後右。

倘若後面或樓上還有「二殿」、「三殿」等，亦照以上程序。

21、拜完多久可以燒金紙及收供品？

這個問題要從多個方面來說：

1、收驚時：通常要燒三巡香，也就是第一次點香燒到剩三分之一時，必須再點第二巡香，第二巡香又剩三分之一時，再點第三巡香，直至第三巡香燒剩三分之一時，即可以燒金紙，其後再收供品。

2、拜土地公或地基主時：當香剩三分之一時，即可以問土地公或地基主是否已經吃飽，可以化紙錢給他們了嗎？如果是「聖杯」則可以燒紙錢，如果是「蓋杯」則必須再點第二巡香，至三分之一時再重複問一次，直至聖筊為止。主要是因為土地公和地基主是老人家，吃的比較慢，所以不要催他們，免得他們噎到。

3、一般廟宇：供拜完後，待香燒到三分之二，即可擲筊請示是否可化紙錢，若准許即化紙錢，若不准許，則稍待五分鐘之後再問一次即可。

22、燒金紙是否有規定的順序？大張的先燒嗎？

燒紙錢時並沒有規定要先燒哪種紙錢，所謂「大張」的，通常是指天公金，因為它面積大紙張薄，所以很容易燃燒，因此大家都習慣先燒大張的。但有時也有例外的情形，例如有感謝狀、疏文、或蓮花時，則先燒以上這些東西，燒完後才開始燒紙錢。這個道理很簡單，你想想，如果一堆公文放在桌上，最上面的一定最先被注意到，感謝狀、蓮花、疏文都是有所求的物品，先燒讓神界先收到，以便他們以最快的速度先行處理，所以事有輕重緩急，在天庭、陰曹也是一樣的道理。

23、台北市的廟宇都不可燒金紙，燒不燒金紙會有什麼影響嗎？

紙錢是一種能量，透過「火」的作用，將能量轉換至另一個空間，該空間收到這股能量之後，又將這股能量轉換回四度空間給你。而這股能量又是什麼？它可能是錢、機會、桃花、愛情等等，總之端看祈求者求的是什麼而定。

求神大體來說也是交易買賣的一種，世間的能量物質都是存在且不滅的，別以爲神佛神通廣大，你說求，祂就變給你，這種不勞而獲的事是不可能存在的。在道教的傳統裡，於是有燒化紙錢的習俗，藉由這種能量的轉換滿足人們的需求，同時也讓神明在另一空間中，以你燒化的紙錢去爲你交換你所需的能量。今日雖台北市明令禁止燒化紙錢，但若撇開法令不談，燒紙錢應該是拜神祈福中最關鍵的步驟，少了這道能量轉換的步驟，對祈求者來說也是一大損失。

24、平安符過香爐時要順時鐘轉三圈、還是逆時鐘？

正解

平安符過香爐，一般都是順時鐘三圈、逆時鐘三圈，代表陰陽與太極的作用，順逆各三圈代表六道眾生，意思是：這符是某神仙賜給我的，六道眾生若有欲加害於我者，見符如見神速速退下。

正解 25、任何神明都可以擲筊問問題嗎？要怎麼問？

「筊」是由兩片長得像菱角的木質材料所組成的，在廟宇裡是很常見的東西，它被視爲是和神明溝通時的主要器具，筊平面的部份爲「反面」，突出成圓弧狀的部份爲「正面」，問時如果一正一反，代表神明給你的答案是肯定的，一般稱爲「聖杯」。如果正面全部朝上，代表你問的事情是否定的，一般稱爲「蓋杯」，如果反面全部朝上，代表神明對於你的問題不置可否，一般稱爲「笑杯」。

聖杯和蓋杯是很絕對的，但笑杯則意義深遠，有時是開心的笑，有時是猶豫的笑，也會有傻笑或冷笑等等，這些都要靠擲筊者長期的經驗累積才能從中分辨。

擲筊問事要把握言簡意賅的原則，不要一串問題「落落長」，用簡單的方式問祂「好不好」、「該不該」、「是不是」、「對不對」、「會不會」，三個杯的意義就會很清楚，你要的答案自然也就水落石出了。

26、擲筊只是求籤之前的步驟？擲筊都要擲三次嗎？

正解

以求籤來論，即是說你心中有懸而未決的矛盾，必須依靠神意作爲你決定的參考，因此你登門（入廟）求教，在稟明來意之後，還是要用擲筊請示神明是不是可以指點迷津。這時擲一次即可，如果是「聖杯」，則開始求籤，求籤時則以三次擲筊來決定該籤是否是神明的回答。

如果在請示回答時，所得到的是「蓋杯」或「笑杯」，則代表你所說的問題交代不清，必須重說一次，並補足第一次沒有說明的內容，然後再擲筊請示是否可以抽籤。

每一個地方都有應遵守的禮儀，在廟裡如果遇有很多人在求籤，抽到籤牌時，只要記得該籤牌的號碼請示即可，應將籤牌放回籤筒內，以利其他人抽籤。

傳統說法篇

27、生理期時、產婦、戴孝者不可拜拜？

正解

生理期間或產婦生產後未滿月，通常是不拿香拜神的，主要是因爲一般認爲女性生理期時會排放經血、生產時元氣大傷，對神不敬。

但事實並非如此，而是此時的身體處於排毒虛弱的狀態中，有句話說「虛不受補」，當身體虛弱時，如果接觸到強大的能量（神力），身體反而會吃不消，猶如蛇蛻皮時攻擊力最弱，往往無法抵禦外力入侵一般。

古時候的人缺乏科學概念，現代的人完全盲從不事辯證，因此普遍認爲是月事不潔惹神發怒而降罪於身，這種誤解對神佛來說實在很不公平。

至於戴孝服喪不入廟這也是基於禮貌，試想如果有人在戴孝期間跑到你家去，你會不會認爲很不吉利？宗教的觀念和「氣」有很大的關聯，大部分的人都認爲家中有喪事，其哀慟的力量會產生一股強大的喪氣，這股喪氣會由服喪者帶入廟中，與廟中的正氣產生對沖，倒楣的自然是服喪者，所以家中若有喪事，必須等到服喪滿一年後，才可以入廟，此時喪氣已消，入廟則無大礙。

28、參加完喪禮告別式後，不可入廟拜拜？

正解

這種說法莫衷一是，但也有人說參加完喪禮要去廟中走一圈，藉著神力加持去除掉喪氣，而筆者也比較認同這樣的說法。正如同你在外面卡到阿飄，會想去廟裡收驚是一樣的道理，如果參加完喪禮不去廟裡走一走，請神佛代爲處理淨化一下，那麼神坐在神桌上豈不是無事一身輕?

而另一派較嚴格的說法認爲，如果參加喪禮時有見到往生者的遺體，則不宜往廟裡去，必須等過三個月後喪氣漸消才可入廟，理由是見到往生者遺體會增強喪氣能量，入廟會有對沖之虞。

而解決的辦法，則是盡量迴避見到往生者遺體，若情非得已不能不見，則在參加完喪禮後，在進家門之前先以七張刈金淨化身體。作法是將七張刈金點燃，在自己的身體各部位揮一揮去除喪氣，然後將刈金放在地上，跨過刈金頭也不回的往家裡走去。

正解 29、不可用手指神像或觸摸神像？

在六道（畜生道、餓鬼道、修羅道、人道、神道、佛道）中，人道低於神佛道，以手指指神像被視爲不敬的動作。而中國的道教傳承類似於封建時的帝制，人相對於神就好比庶民相對於皇帝，庶民用手指皇帝，必定會遭貼身侍衛嚴處，所以用手指神才會被視爲大不敬。但以一般禮儀來說，別說是神，用手指人也是很不禮貌的行爲，不是嗎？

至於神像可否觸摸？嚴格來說是可以的，觸摸代表親近神佛，神佛如果不能觸摸，那麼就有違神佛慈悲的說法了。只是觸摸者必須懷著感恩與崇敬的心，慈悲的交流才會明確而具體，但站在封建的思維上來說，女性可觸摸女神，男性可觸摸男神，這是因為男女有別的關係，遵守禮制恪遵法統，仍然是神界不變的鐵律。

30、掉到地上的香不可拿起來拜？

正解

拜拜宜忌中，大部分的規矩都和「尊敬」有關，香掉到地上如果再拿起來拜，就是對神明的不尊敬，所以比較不適宜。

但有時候香掉到地上也會有「玄機」，有些人會認為是受到冤親債主的干擾，入廟拜神通常都有所求，如果有外力干擾不讓你求時，也會發生香掉到地上的事情。

另一種解釋是，你一進入廟宇，神聖的靈光已經偵測到某些你不知道的事，想要藉著香掉下來提醒你。例如某次一位信徒入廟求財，點香時香突然掉到地上，沒多久他就接到女兒學校打來的電話，說他女兒在學校拉肚子，於是匆匆趕往學校。

如果遇到香掉在地上這種事時，必須將香腳（紅色部分）折斷再丟入垃圾桶內，折斷的香表示不是供神的；另外，拜拜時，也要擲筊問神明是否有事要指示，若有事就將你心中所想的事一一詢問，若無事就表示是一場無心的小意外。

31、金紙沒對折不可放進金爐燒？

正解

燒紙錢時將紙錢對摺是爲了讓紙錢易於燃燒，如果整本紙錢不經散開就置入金爐內，大家都如法泡製的話，會讓爐內二氧化碳無法對流，形成悶燒或熄火，所以廟方通常都會希望紙錢是對摺後再置入爐內。

但也有一些紙錢是例外的，絕對不能將它對摺，例如「甲馬」這種紙錢是燒給兵將的，上面印有戰甲和馬匹，如果對摺，戰馬就會變成跛腳馬，因此燒甲馬時，只要將紙錢散開即可。

32、求姻緣時不可帶傘？

正解

這是比較謬誤的說法，萬一去廟裡求姻緣時，巧遇狂風暴雨，不就得屈就姻緣而讓暴雨打在身上？

拜拜的習慣宜忌有些多是以訛傳訛，過去大家知識不豐富，因此容易讓這些訛誤牽著鼻子走，但現在大家的知識水準都大大提高，面對一些習俗的質疑時，不妨以「合情」、「合理」來審視判斷，宗教講求的就是順應天理，不合乎此要求的陋規傳說，可以摒棄不用。

33、拜拜只能白天拜，不能晚上拜？

正解

農業時代時，廟宇只開放至下午五點左右，下午五點過後廟宇敲鐘擂鼓，一方面是告知眾人本日「辦公」時間已經截止，另一方面則是召喚廟中兵將回廟中「繳旨」。因為這些大家看不到的兵將，一般稱為「五營兵將」，在白天時受神命到處辦事，解決眾生所求事項，下午過後即要返回營區向主帥匯報。不單如此，兵將們晚上還要受訓操練，爲了怕兵將操練時驚嚇到眾人，因此在農業時代盛傳晚上不宜拜拜。

但隨著時代的演變，都市中的廟宇爲因應科技社會，也逐漸開放參拜至晚上九點，想當然耳，兵將操練的時間就只好往後順延囉。

有些人會去拜萬應公、義民爺等等，甚至永和烘爐地的土地公，不也是燈火通明越晚越旺？

基本上這些習俗都在逐漸被突破中，並且已因時制宜，如果你經常去拜的廟宇也是有夜間開放的服務，那麼人多陽氣盛，持香隨拜也無傷大雅的。

34、太小的小孩不能去拜拜嗎？

正解

所謂「太小的小孩」是指襁褓中的小孩不入廟，小孩子人見人愛，而且相傳百會穴尚未合閉，因此眼睛的意識波還是能看見大人所無法看見的靈體。一般知道的人都不會把嬰兒帶往廟宇，一方面空氣混雜影響健康，另一方面則是爲了不讓外靈干擾嬰兒，免得晚上夜啼不寐徒增麻煩。

至於幾歲的小孩可以去廟裡？基本上應是可以自行走路之後會比較好，不過還是要記得下午五點前或天暗之前要離開廟宇，避免小孩的靈體受驚。

35、拜拜時不可詛咒他人？

正解

拜拜時有一個很大的功德是大家都會忽略的，那就是「迴向」，爲何念佛經時會要求你迴向？因爲念經是一種讚頌的行爲，將你的讚頌迴向給那些不具肉體無法念頌的靈體，等同於你代替它們念誦，而得到它們的感謝。

詛咒他人是一種失德的行爲，詛咒他人並不代表你就是行事完美，神尊佛陀的任務是度化世人，他們希望世界和平人人離苦得樂，看著你心生怨恨詛咒他人，祂也會很難過，所以祂會先渡化你的怨念再讓你心想事成。

詛咒也是一種能量的投射，當你在詛咒他人時，等於也是在消耗你自己的能量，欲望是一種能量的轉換，將你的好能量轉化成對他人的傷害，不但得不到你想要的公平，甚至有可能失去更多。

所以，拜拜時可以請神佛主持公道，但要避免詛咒他人，這樣才可以事事皆圓滿。

36、情侶可以一起去拜拜嗎？或者哪些廟是情侶不能一起去拜的？

傳統中有情侶不進仙公廟的說法，仙公是指八仙過海中的呂洞賓，又稱爲孚佑帝君。傳說因爲呂洞賓一生孤寡，見不得情侶相好，所以，如果情侶入廟都會想辦法把情侶分開，但如果是夫妻則會給予祝福。

民間傳說固然有它的趣味性，但事實並非如此，因爲在神仙的立場來看，男女交往有時是因果業力的交集，因果業力套用現代話就是「債務關係」，有債務關係的情侶如果進入仙公廟，會被呂洞賓一眼看出，於是祂會自作主張消弭彼此間的債務，一旦彼此債務關係解除，男歡女愛之情自然就一拍兩散了。

呂仙祖用心良苦，但世人耽溺於兩情相悅，自然也就無法察覺祂的一番好意，但如果情侶間沒有所謂的債務關係，而是屬於緣定三生，呂洞賓則會給予祝福，並助他們良緣早締。

不過，若是雙方都不確定是否有債務關係，但又願意此生天長地久無絕期，在此前提下，如果進入仙公廟，則可向呂仙祖祈求，你們情比金堅非伊不娶非君不嫁，此生願意福禍與共患難相扶，則必能獲得呂仙祖的祝福與加持，讓你們心想事成共締良緣。

疑難雜症篇

37、拜拜求來的平安符，一年就過期，屆時需燒毀？

正解

符其實就是「兵將令」，是你所祈求的神尊，爲了滿足你的願望，所以派了兵將在你身邊守護。「兵將令」並不會一年就過期，而是說滿一年之後，應再回去你膜拜的廟宇，將平安符重新過香爐，讓符的能量重新受到加持。因此平安符過一年後並不需要特別更新，除非已經破舊不堪，就可以重新換新的符。

許多人會去廟中求平安符，如果已經不用了，就不要任意丟棄，可在去廟裡燒香時，燒化在金爐內，燒時要念：**感謝某某神的庇佑，如今功德圓滿，敬請回歸本位**。

38、平安符一定要隨身攜帶嗎？

正解

平安符隨祈願的不同，有些帶在身上保佑出入平安，有些放在車上保佑行車安全，有些則置於家中鎮宅化煞招祥納福，如果平安符是要隨身攜帶的，當然就必須放在身上。

平安符等同神明駕臨，如果不想隨身攜帶，可用紅包袋裝妥，置放在家中乾淨的地方，或是燒化回歸本位以示尊敬。

39、家中的金爐應放在屋內隱密處？

正解

金爐是燒化紙錢的用具，等同於是自家的財庫，有些人習慣將金爐置於屋外，就好比將自己的錢財示人，所謂「財不露白」，是為了防止他人覬覦，因此燒完紙錢之後應將金爐移至屋內。

40、公寓住家中，若沒地方擺金爐，可以放在樓梯轉角嗎？

本問題的另一個思考面向是，如果你有現鈔一百萬，會因爲家中沒地方擺放，所以把它放在公寓樓梯間的轉角？金爐是燒化紙錢的地方，紙錢等同於冥界的通用貨幣，燒紙錢是貨幣能量的轉換，以求將冥幣轉爲新台幣，這麼重要的東西把它放在樓梯間，除非你想善門大開當個行善樂施的大好人，否則，建議你還是放在家中隱密的角落最妥當。

正解

41、寺廟籌建時，捐香油錢助建可讓心願事半功倍？

世間事物的祈求都是「以物易物」的能量轉換，宗教上講的「功德」即是此意，以你的功德換取你所求之物，這才符合宇宙間的「公平定律」。不管是捐錢蓋廟、鋪橋造路、幫助他人等等都是功德的展現，都會在你需要其他所求的事情上，成爲可轉化的「天幣」，這一點是拜拜的人必須深刻體認的。

而捐錢蓋廟的意義，是在幫助神尊有個固定的地方可以受人膜拜、解決眾生問題，因此功德的天幣也是很可觀的，就像你幫助一個人成立公司，公司賺錢時你也可以得到分紅是一樣的道理。

但「有心做是福報，無心做是功德」，發自內心的捐助，其發揮的力量才會強大，這就是佛經上「無畏施」的道理，做該做的事不伎不求，宇宙能量的轉換才會出乎你意料的驚人。

42、拜財神爺只能求財，求其它項目則無效？

在宗教學上認爲，有福有德即爲財，財的意義界定，神界和人界有些區別。人們認爲財即是一切有形物質，現金、股票、鑽石、房地產等等；但神界認爲這些只是財富的一部分，其他的大部分是知足、感恩、健康、和諧等等，這是人性靈的提升，也是幻化成財神受人膜拜、點化世人

的眞正意義。因此財神不止能求「錢」運，還能求其他的「財」運，如果你不受狹隘的錢財所縛，能從財神爺那裡祈求到的將會更多。

43、入廟後覺得暈眩、想吐、胸悶、心悸時，可能是和神明犯沖？

「犯沖」或許是產生上述情況的原因之一，但可確認的是，當時你的身體能量應該是極為脆弱的。造成身體能量脆弱的原因有很多種，依宗教面來說，在有這種情況發生時，可準備十支刈金，向神明稟明你的狀況，並請神明代爲淨化身體磁場，說完後用十支刈金拍打身體各部位，接著將這十支刈金拿去金爐燒化即可。

44、安太歲是什麼意思？每年都要安嗎？

安太歲是一種民間的宗教習俗活動，宗教神學中將每個人的出生年視為本命太歲，意思是守護你的神祇。太歲守護神總共有六十位，按天干地支排列，但太歲守護神也會遇到勁敵，對守護神進行破壞，使得保護神無法保護你。為了祈求太歲守護神不被破壞，必須要請更高能量的神祇賦予守護神更強的能力，因此廟宇信仰中方才出現安太歲燈的活動。

安太歲並非每一年都需要安，一般都是每六年或十二年安一次，而每年廟方都會貼出告示，請該年犯太歲或歲破的人，在特定時間內去安太歲燈補強元神。

45、光明燈的作用是什麼？點了就前途一片光明嗎？沒點會不會怎樣？

正解

光明燈的作用是透過神力的加持，使得你具有更多的能量，在做任何事時都能獲得庇佑。而前途是否光明，則取決於是否擁有清明的頭腦，足以做任何正確的判斷，而點光明燈的用意也是在於增加智慧與福氣。

宗教活動有時也是一種深層的催眠治療，堅定的相信必有力量產生，但如果抱著依賴或有恃無恐的想法，前途光明四個字有時也會變成一種嘲諷。

所謂信則有不信則無，期望獲得更多的幫助或加持，花一點錢點一盞光明燈，給自己買一個希望或是幸福的想望，比起動輒數萬的名牌來說，並不會造成你太大的負擔。但如果有些人認爲荒誕無稽，那就別勉強自己買一個不喜歡的未來，畢竟拜神最大的感應是來自歡喜心。

46、安太歲和點光明燈效果相同嗎？

廟宇內提供各種點燈服務，作用和意義都是不相同的。點太歲燈是指該人當年犯太歲，運勢黯淡能量衰弱，點太歲燈具有化煞消災作用，可讓人趨吉避凶。點光明燈則是祈求在本年內運勢光明，前途事業在神佛護持下，能夠元神光彩欣欣向榮，具有「祈福」作用，兩者一是消災一是造福，所以功能不同。

47、安太歲或點光明燈一定要在家裡附近的廟嗎？

正解

本書一再強調應常與固定的神祇互動，才能從其中得到莫大的幫助，所以不管是安太歲燈或是光明燈，不一定要在自家附近的廟，而是去你最常去的廟宇更好。

如果你經常去的廟宇沒有點燈的活動，因地制宜可以選擇離家近的地方去辦理點燈儀式，點好之後要記得經常回去拜拜，就像定期回診一樣，讓無形的神明看看你的近況，再依你的狀況給予不同的幫助。年底時則要準備一些四品禮物感謝一下神明一年來的庇佑，並祈求來年給予更多的幫助。

48、「金鼎」和「金爐」一樣嗎？神明或祖先會認金鼎嗎？鄰居誤用我家的金鼎怎麼辦？

正解

古時候物質缺乏，一般家用燒紙錢的金爐，都是用廢棄的炒菜鍋，因此稱為「金鼎」，直到現在燒紙錢才有比較正式的家用金爐，所以叫「金鼎」或「金爐」，在溝通上都是通用的名詞。

紙錢等同於貨幣，基本上自家的金爐（金鼎）被鄰家誤用，其實也無傷大雅，鄰居誤用我家的金爐燒紙錢，就好比把錢誤存到別人的帳戶一樣，別人家誤存到我家帳戶（金爐）事小，自己不要誤存別人家事大，不妨在燒紙錢時小心確認是否是自家的金爐，免得「匯款」之後，自己寢食難安。

49、如果去一間廟只想向一位神明求事情，那間廟裡的神明都需要拜嗎？

正解

一間廟宇常常供奉許多神明，例如有些媽祖廟，主神奉祀媽祖，另外會有其他偏殿奉祀觀音、關聖帝君、福德正神等等。一般人去媽祖廟求媽祖，都以爲只要向媽祖稟明即可，但基於入廟拜神問安的禮貌，還是要向其他神明一一稟告會更好。

曾經有位通靈者陪同一位客戶去關聖帝君廟求事，求了許久關聖帝君都不答應，後來通靈者向關聖帝君說：「執法固然要嚴，但是看在金母的面子上，也請網開一面。」說完後再擲筊，關聖帝君竟然擲筊應允。事後通靈者才說，這位客戶在求關聖帝君時，金母跑來說項，才使得事情圓滿順利。而事後向這位客戶求證，才知道他的媽媽是金母的虔誠信徒。

入廟求事別只求主神，有時其他和你有緣的神也會「跳」出來幫助你一臂之力的，因此做人和拜神都一樣，禮多不怪，入廟拜拜時每一尊神祇都能逐一說明請安最好。

50、如果平常安太歲、點光明燈的廟燒掉了，要另外重安嗎？

廟被燒掉是很嚴重的事，表示該廟多行不義受到天譴，台灣有多家廟宇被燒掉，如果碰巧在這樣的廟安太歲，在廟被燒掉之後，就應該另覓大廟重新點燈爲宜。

觀念加強實例篇

- 到底什麼派別要燒這麼多紙錢
- 如何幫父母補祿添壽
- 重症患者消災補運法
- 如何收魂送外陰，大事化無事

到底什麼派別要燒這麼多紙錢？

一、從靈山派說起

人們常被眼前所見的各種宗教派別所混淆，因此常有很多讀者問我，燒紙錢到底算哪一派？依他們所見和尚誦經、道士搖鈴，總是可以顯而易見的判斷出佛、道之別，甚至有人直接把燒紙錢歸納爲道教，但要知道，在此之前，佛教或道教甚至天主教都有燒紙錢的儀式，因此若是把燒紙錢任意的定調爲任何一派，都是不眞確的判斷。

宗教的定義是創造一尊神，並且創造一套膜拜的方式，然後再號召一群人，按照這套既定的儀式讓每個人都遵循，逐漸衍生出一個盛大的團體，這就是簡單的宗教理解。

但如果褪去宗教的外衣，撇除那一群人，那麼會剩下什麼？只剩下神和你，神不會因為失去宗教而消失，而當你脫離一群人時你也依然存在，這時的你只要依然誠心秉持信念，神的能量依然會與你的信念共融，**你必須始終記得神的庇佑是給予你能量，而你獲得能量後，展現出你的力量，這才是拜神的目的**，並且與任何宗教、儀式、群體無關，最關鍵的是你必須與你所認定的神互相合作，這樣才能互惠互利。

燒紙錢並不隸屬任何一個宗教，這只是漢文化中的一環傳承至今罷了，時至今日，在台灣、中國各省甚至全世界任何一個有華人的地區，人們用這樣的方式企圖讓自己無能為力的事得到解決，台灣地區的宗教民俗有幸遇到一個經濟民生最好的年代，使得紙錢的品項、種類、精緻程度都凌駕於其他華人地區。

在我年輕的時候，曾經跟著我的老師幫南部一位大地主燒紙錢，這位地主六十多歲，據老師所說，他在繼承家業後不久，就開始委託我的老師每一年按例幫他辦理各種赦、補、祭、化的事宜，數十年下來大地主由務農轉為經商，家業越來越大，財富累積無數，地主本人也經常將所得捐獻公益。

那一次我和老師兩個人載了整整一車的紙錢到一塊田裡，搬運時我發現全都是黃錢和白錢，我問老師這是辦什麼事？爲什麼只有這兩種紙錢？老師說這是那位老闆還願用的。地主若干年前罹患肝硬化，一方面就醫一方面拜神，這件事地主一直沒讓任何人知道，包括他的家人，兩年後他的病很神奇的竟然好轉，連醫生都嘖嘖稱奇。痊癒後，地主請示他所拜的神要如何還願，神指示他用黃錢、白錢到野外祭祀（答謝）那些孤魂野鬼發放功德。

由於地主年事已高又怕引人注意，因此向來都是委託老師幫他代勞。

燒紙錢並不是胡亂一通的燒，而是必須知道目的爲何？要燒給誰？要請哪位神來作主？

早期這些事幾乎都是由廟裡的乩童包辦處理，後來私人宮廟盛行之後，便開始由廟裡的主事者（具通靈能力）來操辦。

乩童指的是把肉體借給神靈使用的人，因此辦事者是降臨的神，通靈者辦事則是看見或聽見神明的指示，代神處理求問者的事情，有人把前者的乩童視爲武乩，把後者的通靈辦事者稱爲文乩。

文乩後來又演變出幾種不同區分，有寫經文的經乩、研究符咒的咒乩、更有號稱上山下海度化孤魂野鬼的靈山乩。

靈山乩是一個夾處於佛、道兩教之間的一個派別，主張透過祈請某一尊神作爲引導神，請其教導度化六道眾生之法，由於每個人的因緣不同，所召請來的神靈也不盡相同，在很多廟會中就會看到很多自稱濟公、三太子、千歲王爺、母娘等等的人，或歌或舞或耍拳者比比皆是，他們自稱帶著天命修行度化人間，但眞實狀況爲何則不得而知。

靈山派最早的起源爲何不得而知，有一派說法是源起於日本後流入台灣，日本的靈山派稱爲「歐泥派」（日文直譯），歐泥是日語中「鬼」的意思，顧名思義是「與靈共修」，對比台灣靈山派的內容似乎有異曲同工之妙。

如果是按照「與靈共修」這個定義來看，並不只是日本才有「歐泥派」，我曾經在上海的廟宇內，看過至少一個以上的大媽阿姨在廟內膜拜，他們各展所學或打嗝或跳舞，她們臉上展露著自信的笑容輕盈的曼舞，偶爾也會發出如嘶吼咆哮的「天語」，她們相視而笑旁人卻看的一頭霧水，這和台灣那標榜神靈附體的歐巴桑們有著異曲同工之妙。

那麼問題來了，所謂「與靈共修」的內容如何？我們不禁要思考很多方向：所謂的「靈」究竟爲何物？是神靈？陰靈、動物靈？如何判別？所謂的共修又是什麼？既然它自稱無所不能，爲何要與你共修？怎麼修？修什麼？目的爲何？最後的目標是什麼？

最常聽見的一套說法是：「你與神佛有緣，神佛找你很久了，你有帶天命今生要修行，再不修人家要把你收回去了……」

若是再一步詢問要怎麼修？老師兄或老師姐就會告訴你要打坐要念經，要去某某廟接天命、要睡神桌下等待神來教，修成之後要接旨上山下海超度亡靈。

若是再細問什麼叫天命？師父們就會回答：「復古收圓就是天命！」什麼是「復古收圓」？老師父面有難色的說：「做就對了，不要打破沙鍋問到底！」

長久以來師徒相傳的靈山派就這樣被傳承下來，一代復一代先行者對後學者的回答大約不脫這樣的範疇，人們一旦蒙神眷顧便喜不自勝以此爲傲，然而，長久下來反省與檢驗，你究竟被改變了什麼？是你當初的問題被解決了？還是進入靈山團體後，一心癡迷於成神得道，而淡忘了當初的燃眉之急？

靈山派參與者大都是上了年紀的家庭婦女居多，詳細的去探看每個人的身家背景，不難發現大都是早年飽受家庭生活所苦的人；被丈夫暴力欺壓、兒女年幼或不成材，她們處於身心煎熬的時刻，靈山派的出現無異爲她們打開一道紓壓的出口，當有人告訴她們，前世她是王母娘娘的女兒，但因犯情投胎爲人受懲，所以今世受此因果業報，只要忍過今世之劫，來生就可以不再輪迴，回到母娘身邊受封爲神。

這是一套非常人性的說法，弱勢婦女長期處於家庭壓力下，一再的承受痛苦而不得解，而「因果說」、「業報說」，讓她們看到未來的目標，並且願意繼續忍受當下的壓抑和不平對待。

我的靈山師姐就是這樣成立了自己的宮廟，認識她時她已經六十七歲，她說她嫁給她丈夫之後，丈夫就不曾給過她一毛錢家用，她做小工賣小吃，省吃儉用一個人養活三個小孩，三十九歲成爲寡婦後，還要接養娘家的母親和夫家的婆婆，當有一位前輩告訴她前因後果時，她毅然繼續操持她的生活，閒暇之餘還跟著前輩「跑靈山接天命」，咬緊牙關刻苦數年後，她成爲師姐又繼續把當年聽到的「話術」說給後輩聽，她們沿用亙古不變的「眞理」，執行所謂的「天命」，這當中沒有任何驗證，所有的人都是一視同仁的使用相同的教材。

這套方式的確讓很多人翻身，但也被很多人利用爲誆拐他人的工具，最有名的是以前一位號稱知識分子並參與過最高選舉的S小姐，她生平對鬼神之說饒有興趣，爲了探求鬼神眞僞因果輪迴虛實，竟然以身試法到處訪神探鬼，最後罹患異疾離開人世。千年前孔子就已經說了：「敬鬼神而遠之」，意思是說鬼神要予以尊重不可輕瀆褻慢，但比較可悲的是身爲有識之士，卻將鄉愿鄙識誤解爲科學邏輯，最後白白賠上性命。

靈山派講究由前輩帶後輩去「領天命」、「接令旗」、「神授天權」等等，眾人融爲一個團體，各施所長一起上山下海普度眾靈，但由於缺乏精神核心和團結氛圍，很多修行者累積經驗之後，由於不甘於下，於是便以神明指示的名義另起爐灶，經營家庭式宮廟自命宮主，於是，一切的行事說法又再次循環。

從發揚宗教的角度來說，每一個宗教派別都有他各自的生存之道，這是無可厚非不需置喙之事，但從個人來說，並非每一個人都需要去接天命或是開宮立廟執行天命，即使是天命也是可以轉化不需一定要很制式的去成爲師姐或師兄，況且大部分的人入廟求神，不就是爲了事業、錢財、感情、健康急待解決？但最後怎麼都變成揮舞著令旗，自號母娘或恩主打著嗝跳著舞的乩童了呢？

靈山派在宗教中有著存在價值，在遵循正道的前提下，辯證通靈的前因後果，的確可以幫人溯本追源徹底解決人生難題，佛經中說人可透過修煉達到五通：眼通、耳通、鼻通、他心通、漏盡通，據說只有佛有這五通，但釋迦牟尼卻禁止門人使用五通，就怕其迷亂心志，也就是說釋迦牟尼擁有這五通，每一部佛經都是說祂放大毫光，自光中感悟、取咒說法，因此，有文字記載的最大通靈者當是釋迦牟尼，透過祂的靈通才成就普世教法引領眾生。

對想透過拜神尋求解決當下入世問題的人來說，不一定要用出世的法門，只要找到問題的根源即可予以解決，因此，靈山派的法門中，可以根據所求去蕪存菁，適度的留取部分所需，去除某些意味修行的方式，即可爲一般人所用。

二、祝由科失傳了嗎？

「祝由科」是古代中醫科系中的第十二科，相傳是由黃帝的巫官祝由氏所創，及後因主張禱告諸神求其痊癒，當中涉及鬼神之說，明時被移除中醫體系之外。雖是如此，但也讓祝由科流入民間，成爲民俗信仰之一。早期農村時代，醫療資源缺乏，凡疾病、受傷、驚嚇等，醫藥之餘人們爲求早日康復，莫不以香祈神或飲符水，是爲祝由科所傳布。

中醫十三科分別爲：一大方脈科，主治傷寒痰喘及一切內症；二是諸風科，主治痲木癱瘓及一切中風；三胎產科，主治胎前產後諸病及一切婦科異疾；四眼目科，主治青盲白翳及流行眼疾；五小兒科，主治驚風潮熱及一切幼科雜症；六是口齒科，主治牙痛魚哽及一切喉症；七痘疹科，主治癰疽疔毒及淋蟲科；八傷折科，主治壓傷骨斷及跌打損傷；九耳鼻科，主治耳聾鼻衄及一切耳鼻病；十瘡腫科，主治癩疥頑癬及無名腫毒；十一金簇科，主治箭傷槍傷及刀斧鐵器傷；十二是書禁科，主治鎮邪驅鬼及辟毒截瘡；十三砭針科，主治瘋癲及筋骨疼痛。

以上十三科祝由科排列十二，前面十一科均以問診用藥爲主，唯獨祝由科和砭針科用藥少量甚至不用藥，砭針是以砭石、針灸按人體穴位進行熱傳導達到醫療目的，而祝由科是在藥石罔顧之後所進行的心靈治療，基於祝由科的學理根據過於抽象及無法做數據臨床檢驗，最後逐漸的被移除中藥學科之外另成一格。（據說是在明朝時被移除的）

黃帝時期的祝由科設有名為祝由師的巫官職銜，專司向天禱告以求福禳災，祝由師是以燒龜殼遴選擇定，然後再以父子相傳承襲官位。

要成為一名祝由師也必須通過一定程序的訓練，只是這部分的資料已不可考，對比今日的祝由師訓練方式估計也是大同小異。一般是透過祈求、訓靈、受旨、領誥封等方式，由所奉祀的神尊操持認證，只是各家的作法不一而足，在此不做贅述。不過若是古今皆同，要成為一位稱職的祝由師，歷程也相當不容易，按古人的說法，必須經歷三災六劫七病八難，最後透析人生並以此資歷助人，此外也需通曉古今博覽群籍，作為辯證陰陽之用。

一般所謂的乩童和祝由師兩者是完全不同的職務，乩童是指將自己的身體借給外靈使用，外靈藉著乩童的肉體發言，解決求事者的問題，但祝由師並沒有出借自己的身體，而是藉由各種的溝通方式，揣測神意再三確認後再請示如何辦理。

祝由師作為神意與信眾的橋樑，事關準確性與解決方案，所擔負的責任相對重大，因此博覽群籍深入民情，對於祝由師來說是很重要的事情，否則眼睛所見往往被自己的直接判斷所蒙蔽，而衍變出假業力的事情。

二○一四年時朋友介紹了許小姐來找我，許小姐年紀不到四十歲，曾經是一位很意氣風發的餐飲企業家，但那時坐在我對面的她卻形容憔悴面色蠟黃，一臉的愁眉實在很難想像她之前的神采飛揚。

她告訴我大約在兩年前，她的事業開始走下坡，最主要是遭人扯後腿，致使投資者對她質疑而黯然下台，而她自己也被蜂擁而至的瑣事纏身，夜不能寐食不能安，被醫生確診爲憂鬱症，每日按指示服用抗憂鬱症藥物，在苦無對策之際，她經人介紹去找了一位通靈師姐想要找到犯小人的原因，通靈師姐跟她說，她後面跟了兩個男人橫眉怒目一副要奪人性命的樣子，通靈師姐便由此判斷這兩個男人是來向她索命的，許小姐當時黯然失落，聽到師姐這麼說當下大驚，立馬問該怎麼辦？

通靈師姐面有難色的說：「不瞞妳說，剛才妳去洗手間時，我已經問過他們了，能不能放過妳，他們回答我，要我別多管閒事！」

兩人分手後，不能多管閒事的問題，成了許小姐心裡揮之不去的糾結，如此經過兩年多，每天擔心著自己不知何時會死於非命，時刻處於身心焦慮忐忑不安的狀態。

許小姐的身後的確是站著兩個人，但這兩個人卻不是來索命的，相反的是來守護她，一件事情有兩面看法，接下來就是要印證哪一面的看法較接近事實。通靈師姐說，勾命二人組說兩年內取命的事情並沒有發生，只是許小姐仍然心有餘悸惶惶不安，在她心裡蒙上揮之不去的陰影。

而那日兩人一樣出現在她身旁時，其中一人卻說許小姐是他們的三弟，他們是奉父命前來保護許小姐的，大相逕庭的答案讓許小姐不置可否，既然如此，當時便引導她請示廟裡的三官大帝，才走到神尊面前準備要跪下時，我彷彿聽到右側的地官大帝說：「我兒來了！」與此同時，許小姐脫口而出的說：「右邊的神在對我笑耶！」這時我開始有點明白了，便帶著她跪到地官大帝面前。

一陣請示之後，大約所得的回答如下：地官的某一世曾爲受封諸侯，生有三子，許小姐是老三，性格桀驁不馴愛生事端，後因受人唆擺舉兵叛變，惹來殺生之禍，差點殃及家門，最後落難潛逃不知所終，老父思念三子，臨終時囑咐兄弟二人要找到弟弟下落並予保護。

許小姐聽到這個「故事」後，一驚一乍的不知是否該相信。

要相信一件事的眞實，必須經過時間的證明，最後讓事實浮出檯面。通靈師姐當初所說的索命厲鬼以及兩年的時間表，屆期之後並沒有發生，而找到我之後，兩個索命厲鬼卻變成兩個守護神，此後，她按照三官大帝的指示，循序辦理所指示的事情，不過是一個晚上的工夫，那晚她睡得特別香甜，據她所說已經很久沒有這種感覺，自此之後，她不再服用安眠藥，許多身體的負面症狀也不藥而癒。

祝由科是一門神祕的心靈療癒學，讓我不解的是在數千年前，老祖宗是如何發現這個與天地結合一體的門徑，深明在有限的醫藥資源下，直取靈魂體竅門而發展出至今沿用不息的祝由科。

三、辨事靈驗與否取決於祝由師的專業度

人們受到宗教的薰陶之後，大家都願意往慈悲喜捨的方向尋求歸依，這是洗滌人性提升心靈的好觀念，然而作爲一個神之行者、爲人排憂解難的祝由師而言，這是遠遠不夠的。

宗教的傳法大抵是勸人向善、信奉所皈依的宗教，而祝由師必須對個人所求之事，通曉解決之道並予以規勸向善，最後讓人們從中深信蒼冥之神的存在與靈驗，因此要經常性的讀書習識，再輔以所供之神的神機導引。

因此，祝由師和通靈者的身分截然不同，通靈者未必是祝由師，但祝由師必定是通靈者。

以我的同修爲例，要取得祝由師的資格，必須有其所奉引導神，予以授證認定，這種授證認定是沒有所謂的有形憑證的，完全採取自由心證。

而被授證的祝由師，首先要做到的就是具有通靈能力，可以與他的引導

神溝通。

溝通無礙之後，祝由師就要開始展現自己的專業能力，成爲信徒和神祇間的媒介平台，在解決信眾的難題上，必須要有以下幾點核心認知：

1、解讀的事必須再三確認，不可偏執自我假傳神意。

2、深諳因果循環定理，以抓取大方向爲導，不刻意炫耀雕蟲小技。

3、每個人所求之事，必須從個人及家族兩大方向追本溯源。

4、恭敬向引導神祈求燮理陰陽，切不可自以爲是。

從業多年中，認識的祝由師不計其數，而唯一讓我佩服得五體投地的是台中縣的一位長者，他畢生以天公之名爲人解憂釋疑，從不收取分文（不收費不見得是正確的，文後說明），人稱鹿港仙。

鹿港仙從小自舅爺處習得符術法旨，年少時全省走透透爲人消災禳禍，不但不收人錢財也不接受禮物餽贈，哪怕要請他吃一頓飯他也逃之夭夭。

鹿港仙幫人做事不收費，卻有三個小孩要養，只能靠老婆在外爲人洗衣幫傭勉強維持生計，租來的房子不到十坪大，前廳隔了一個神明廳，一家五口人就擠在後面不到五坪的小房間裡，鹿港仙的老婆不無埋怨，但是她還是辛勤勞碌的支持丈夫的節操。

幾十年下來，鹿港仙現在也七十來歲，兒女均已各自成家立業，他也處於半退休狀態，而他現在所住的房子是四層樓透天厝，一樓是他所供奉的天公，其他樓層作爲子女們的住處，這房子有個傳奇的淵源至今無解。

當年鹿港仙一家人屈居鴿籠時，有一天他夢見天公來找他說話，說房子太小了該換了。鹿港仙哭笑不得的說，現在全身加起來不到一千元，拿什麼買房子？天公說，我來想辦法，你準備搬家就行了。

說完天公憑空消失了，他也醒過來，睜著眼睛想著剛才的夢境，在民國八十年代，一百萬可是個天文數字，他無法想像他如何擁有這些錢買下所謂的房子。

半年後一位舊識來找他，他是做仿古家具的，彼此雖然認識多年但並無往來，這次的出現也頗讓鹿港仙訥悶，家具商直接說明來意，他想請鹿港仙幫他去另一位同行那裡買家具，他不方便出面，知道鹿港仙和同行有交情，所以來請他幫忙。

鹿港仙乍聽不知該不該幫他這忙，他心裡也清楚兩人間不睦已久，他夾在中間擔心不好做人，家具商爲了取信於他，先行支付了一百九十萬的現金，言明到貨後他會直接來提貨，不會給鹿港仙帶來任何麻煩，說完不等鹿港仙開口就轉身離去。

鹿港仙一輩子沒看過那麼多錢心裡惶惶不安，飛快的去找他朋友商量，朋友聽完後，自然樂意做這筆交易，還說成交之後要給鹿港仙分紅，當下兩人就協議好，等家具商來提貨之後，鹿港仙才需支付這筆貨款。

然而，讓人納悶的是近兩年的時間，家具商一直沒來提貨也無處聯絡，多方打聽結果，據說人已經遷居馬來西亞，自此再無音訊。

鹿港仙掖著這麼多錢終日寢食難安，做家具的朋友有天來找他聊天，說著說著朋友就給了他一個建議，反正現在也找不到人，不如拿這筆錢來購屋，鹿港仙一聽差點跳起來，萬一人家來要錢，他拿什麼還人家？朋友笑著說：「他若來，我給他家具就是了。」這朋友也是天公信徒之一，心裡早就想著要幫鹿港仙立天公廟，只是怕耿直的鹿港仙拒絕，延到至今才說這事。

鹿港仙當時心裡還是很糾結，但已有約略動搖，朋友就慫恿著擲筊請示天公，鹿港仙也是有心爲難，稟告天公說，若是這筆錢可以動用，就給他連續十個聖杯，天公也很給面子，竟然就是噹噹噹不多不少給了十個聖杯。

那晚天公又來了，帶著他去看一片正在興建的房子，指著其中一戶說：「要前面有水溝那戶，要記得啊！」

隔天朋友又來找他，說要帶他去看一個建案，鹿港仙一到那兒眼前一亮，這不是昨晚天公帶他來的地方？接著精神一振提步快走，果然被他看到其中一戶的前方的確是條水溝，鹿港仙當下就說要這戶，只是擔心價錢問題，朋友安慰他不足的部分他可以援助，但巧妙的是經過一連串的討價還價後，賣方說：「一口價一百九十萬，再少就不賣了。」

鹿港仙和朋友兩人對望一眼心下稱奇。

房子交屋後，鹿港仙才恍然大悟當初天公爲何指定門前要有河溝，原來建商後來發現路有點窄，於是加了溝蓋，凸出的部分多了兩坪大的空間，正好可以放金爐燒紙錢。

時至今日已近三十年，鹿港仙的帳戶裡仍然備著一百九十萬，只是當初那驚鴻一瞥的人至今始終未再出現。

人們常說天公疼憨人，鹿港仙不是憨人，他只是信守他當初入門的承諾矢志不渝，品德操守凌駕於術數之上，甚至連他的老婆、小孩也全心力挺，一生不卑不亢不忮不求，最終通過神意考驗蒙獲神恩。

從事這份工作多年，其中也遇到數位朋友有意與我學習神學及辦事法門，雖然說想學的人很多，甚至外間也有專門的老師開班授徒，但我始終小心謹慎，生怕得之不易的法旨，被心志不堅的人誤用為取財的工具，唯恐屆時徒增彼此罪孽。

猶記得多年前，巧遇一位張師姐，她天賦異稟觀靈能力與生俱來，只可惜她是一家庭主婦，對道統神學所知有限，每每在觀靈時，只能說其形不能解其意，與她相熟後覺得異常可惜，於是便幫她做一些簡單歸類，按著請示路徑逐一驗證所見之物，後來也鼓勵她出來當師姐，一方面領受天命一方面以此為業貼補家用。

剛開始張師姐謙稱她不收分文，純粹義務幫忙做功德，使用者付費這是我一直認為符合公平的原則，儘管世人的眼光總是認為神職人員應該分文不收，但話說回來誰不是吃五穀雜糧過活的？誰不需要透過勞力所得的錢財，實現自己的理想？各憑己力有勞有獲是維持群體社會正常運作的準則，而所謂的「隨喜」卻是勞資雙方最大的業障，求助者吝於付出財物，辦事者窮則思變，彼此都想壓縮對方以獲取更多利益，於是，所謂的詐財、斂財等事件，由於雙方的認知不同便不斷的發酵上演。所有的事情若是搬上檯面明碼標價，合則來不合則去，彼此間的誤解相信必會大大降低。

張師姐在聽完我的說明後，心裡仍然不免有諸多疑惑，這時的她仍是屬於一個家庭主婦的乙方心態，對她而言，她依然認為明碼標價會抹煞宗教的慈悲以及破壞信仰的情感，最後，在我的半逼迫下，她才勉強的說：「那我就收兩百塊！」

事經半年後，有天遇到一位常找張師姐辦事的謝小姐，閒聊中她告訴我，張師姐越來越貴，她倍感吃力所以沒再去找她，我心裡納悶著不就是兩百塊的事，哪來的倍感吃力？

謝小姐說張師姐一開始收兩百塊，後來是每件事兩百塊，再後來是漲價六百，但不久又變爲每件事六百，如此反覆下來目前已經每件事都需要上千的辛苦費。

我把這件事求證張師姐，她也不悅的說：「說好的價錢放在紅包袋裡面，回到家一看，不是少一張就是少兩張，你說氣不氣人？」雙方各說各話各自有理，每個人都說要面對考驗，但面對利益當頭時，考驗似乎就變得不堪一擊，規則的訂立從來就不是面面俱到，更何況人心叵測，縱然設下千言萬語的條款，也不及人心、人性的頃刻頽圮。

並不是每個人都可以像前面所提的那位鹿港仙一樣，在利益之前仍能一本初衷不爲所動，在無法取得彼此認定的公平性前，制定雙方可以接受的價碼，讓彼此雙方都不存在疑慮，也許會是一個讓彼此都能通過考驗的方式，如此一來或許就能消弭大眾對斂財的疑慮。每個行業都會存在混水摸魚之人，但也不能因此以偏概全全然抹殺其它正派人士的付出，但不管如何，存在已久的「隨喜紅包」，在經濟型態社會中，似乎已經到了必須功成身退的階段了。

如何幫父母補祿添壽

當疼愛自己的父母身受病痛所苦時，爲人子女者除了將父母送醫救治之外，最常做的就是上廟裡，祈求神佛菩薩保佑父母早日康復身體無恙。

有句話說：「與其亡羊補牢，何不未雨綢繆？」在平常時候就可以固定的請自己的引導神，爲自己的父母親赦因果、補祿、補壽，不要等到父母有病在身時，才急急趕往廟裡求神拜佛，若是可以如願以償那是很好，若是事與願違，辛苦了父母也會累壞子女。

根據我個人的經驗，幫父母補祿添壽的前提是必須先辦消災解厄，將因果業力之事辦妥後，再辦補祿添壽就容易很多了。

辦理補祿添壽的方式有很多種，本書所介紹的，是以讀者可以自行辦理的方式說明。

一般爲父母補祿添壽都是去請玉皇大帝辦理，若是老讀者看過我的其他拜拜書而有找到自己的引導神，那麼也可以請引導神作主辦理。

辦理之前必須找一天去請示神尊，下面就以王小明爲父母求壽爲例說明：

•首先，入廟後按廟裡的規矩，點香拜過一輪之後，來到玉皇大帝神駕前，雙膝下跪雙手合什，祝禱：

玉皇大帝及本廟眾神在上，弟子王小明今日前來奉請尊神爲弟子父親王俊男補祿添壽，父親王俊男民國三十一年農曆八月八日吉時出生，現居台北市忠孝東路一〇〇號，父親爲人親切隨和樂於助人，鄰里間無不稱頌讚揚，長年捐款助弱扶貧樂善好施，今耄耋年邁求玉皇大帝大天尊神威顯赫，爲父親通天達地增補陽壽，務求陰陽調和消愆化災延年益壽，得蒙庇佑弟子定當行功造德答叩天恩，今日虔誠奉求百拜上申，若蒙恩允懇請惠賜三聖筊。

•本段可以口誦也可以書寫於黃紙上，念誦完之後再上呈安置案前，紙張大小不拘，請用紅筆書寫。

• 念完之後即可擲筊，若是連續有三個聖筊，就可以開始稟告需用的紙錢品相及數量。

• 若是沒有三聖筊，必須再擲筊問明原因，問時一個聖筊就可以了。可能的原因有兩種，一是暫時先不用辦補祿添壽，通常是指今年不用辦，等明年再來問。

另一個原因是指必須先赦因果再辦補祿添壽，若是要赦因果，可參照本人所撰《這樣拜才有錢》中的〈三赦〉一節，採其中的「地赦」所用紙品請示即可。

關於赦因果一事，大部分的人都會好奇是什麼原因必須赦因果，但我的理解是不需要好奇或執著於因果的眞相（事實上沒有眞相），只要確認神尊願意作主處理就好了，人們都喜歡看戲聽故事，但在三世因果的面前，你所知道的並非是眞正的事實，而眞正可貴的是答案，是透過你最誠摯的心所擲出來的三個聖筊，對於神，你投注了多少的信念祂必回饋你更多的眷顧，這是不容置疑的事情。

但答案也是需要時間驗證的，只要在往後的數年中，你的父母親安康健在，這就是最好的答案，遠勝於任何大師給你的摸頭或是通靈者的各種預言，你必須很堅定的信任你的引導神，祂將在任何時刻都給予你最實質的守護。

我也曾遇到很多人對「補祿添壽」一事提出質疑，他們都在問，爲父母求壽爲何要加「補祿」，按照字面的解釋，祿是指生活的資糧，如工作、財富等等，父母年紀大了，爲何還要連同補祿一起辦？

人們常說上有老下有小，家庭中沒有謀生能力的就是幼童和老人，二者都需要有謀生能力的人撫養，如果他們都具有某種福報可以獲得良好的撫養和安養，這福報勢必就會轉給家中有工作能力的人，因此補祿可以看待爲增添福報。

會爲父母求壽的人肯定是孝順的子女，人們常說百善孝爲先，孝能感動天，如果你侍奉父母克盡己責，必能得眾神垂憐尊崇，因此在求壽的同時也會爲父母補祿，讓你在奉養父母時，可以事業、工作順利、財源興旺，得以輕鬆而放心的照顧一家老小。

補祿添壽所需紙品：

1、壽生蓮花36朵
2、往生蓮花72朵
3、環保大箔壽金20支
4、環保福金200支
5、環保刈金100支
6、黃錢100支
7、白錢100支
8、巾衣100支
9、甲馬100支
10、太極金一刀

11、足百天金一刀
12、足百尺金一刀
13、財子壽一刀
14、丁財貴一刀
15、十二元神100支
16、本命錢100支

以上紙錢必須逐一擲筊請示，只要擲出一個聖筊即可再問下一個紙品的數量，例如問黃錢一百支，若是不足就以加十支、二十支、三十支以此類推的請示，直到聖筊出現。

全部紙品請示妥當後，均需用紅筆書寫於黃紙上，數量的部分先空白，等請示出正確的數量後再塡空。

個人辦理力求心誠意正簡約莊重即可，不必拘泥於繁文縟節，若是委託神職人員辦理，以我爲例，則另需備辦花果、供品、疏文、藥材等等，但考量到諸多讀者並不具備這些專業技能，因此本文便不再贅述。請務必記得，神祇膜拜求事最大的法門就是誠心、眞心、信心，脫離此三心，即使再大的排場也是枉然。

全部都問妥之後，就要預選辦理的日期，並向引導神稟告何時來辦理，獲得一聖筊之後便算大功告成，離去之前請記得要供三份廟金向引導神及廟內眾神答謝。

辦理的時間讀者們可參考農民曆上，凡有寫「祈福」、「納采」的日子均可。

對於父母的補祿添壽一事，我提供我自己的辦事經驗供大家參考，通常父母年紀在七十二歲以上者，均應該著手辦理，年紀越輕補壽的時間越長，七十二歲者通常可求得十二年，八十歲以上者通常是六年，但也不能一概而論，仍然必須看父母個人的福澤而定，只是一旦引導神應允庇佑，通常所示現的情況大約如此。

我曾幫一位七十八歲的老太太辦過補祿添壽，當時她因不愼摔倒傷及腰間，必須臥床無法行走，她的兒子來求神助時，神尊慨然應允給予補壽十八年，一週後腰傷康復行動自如，如今已經過了七年依然神采奕奕精神飽滿。

也曾辦過一位八十歲的母親，在求壽過程中，神尊既不應允也不拒絕，始終是笑杯回覆，當時我心中納悶，便改口請神尊慈悲改辦「通陰陽壽」，神尊才允然給予聖筊同意。這事我並未向家屬提及，只是詢問老太太身體健康如何，家屬說老太太才剛過完大壽，能吃能喝還打算近日去日本旅遊，家屬說的眉開眼笑，我也不好扮演烏鴉角色，心下只希望是我的辦事有誤。

但一週後家屬來找，說某一晚老太太胸口劇烈疼痛，緊急送往醫院檢查，最後被醫生宣佈罹患肺腺癌末期，壽命剩下不到九個月，家屬問我不是才剛剛辦好補祿添壽？怎麼馬上查出這個絕症，我頓時啞口無言，此時如果再說出當日辦事的內容，那豈不是事後諸葛無法自圓其說？當時其實也有點小懊惱爲何當初不實話實說。

而在那時我也明白了「通陰陽壽」的意義，說白了就是陽壽轉陰壽，在此過程中讓當事人減少痛苦的進行轉換。

後來的二週印證了我這想法，家屬不希望年邁的老人還要受放療、化療的折磨，因此接受醫生的建議將老人轉入安寧病房等待生命結束。

進入安寧病房的第一天晚上發生了一件奇怪的事，大約在晚間十點左右，老人很有精神的從病床上坐起，雙腿盤膝雙手合什，身體前傾幾乎貼床作膜拜狀，大約歷時十五分鐘左右才又氣虛癱軟的躺回床上，家屬把這奇異的景象拍照給我，我唯一的解釋只能說老人看見了前來探視的神祇，其它我便無法再給予此一行爲的合理解釋。

第二天的同一時間，老人又出現了相同的行爲，第三天也是，第四天的同一時間，老人溘然長逝走時面容安詳彷如入眠。

原本我以爲家屬會來責備我辦事不力，但家屬來電時卻一再的感謝，聲稱老人過世比醫師的預測提早好幾個月，雖然家人都很不捨，但後來也能明白，既然不可挽回，早走或許能早脫離病痛的折磨，這對老人或是家人而言，也可以理解爲不幸中的大幸。

這裡所說的「重症」，也包含癌症或是器官移植等重大病症。

在束手無策之下，人們大抵都是轉而向無形的神尊祈求逢凶化吉，但眾所周知，癌症的類型中並不是每一種癌症都可被治癒。

在我的職業生涯中曾有幾次遇到重症患者的緊張經驗，在前年的四月份清明節前夕，幾乎是在同一時間，台灣和上海同時有二位患者急需器官移植，台灣的需要心臟、上海的需要肝臟，但眾所周知的，器官捐贈不但需要按申請順序排隊，同時還要檢測是否有排異性，符合這兩項要求才能進行器官移植手術。

兩邊的患者家屬幾乎同時找上門，面對這棘手的問題，我心裡根本沒有任何的把握，但我又想，在神的面前我只是個操作手，只要神同意辦理我就可以吃下定心丸等待奇蹟顯化，但心裡其實仍然忐忑不安，再強大的信心也敵不過焦慮的等待。

兩地的患者我採同時辦理的方式，按照三官大帝的指示陸續辦理了赦因果、補闕、解三尸通三彭、補元辰、接鹿從等等的法事，並獲得三官大帝的指示，要我回台灣參拜玉皇大帝。

回到台灣先去見台灣的患者林大哥，他躺在重症房裡全身插滿管線維持生命系統，林太太愁容滿面的說：「他現在裝著體外心臟，但只能用十四天，十四天後如果還無法接到捐贈者的心臟，就要換人工心臟，一顆要台幣六百萬，我打算賣掉房子救他。」面對她的焦慮我也無言了，唯一能做的就是很「鄉愿」的等待奇蹟。

台北地區我常去的兩間玉皇大帝廟宇，一是松山的奉天宮，另一間是大龍峒的保安宮凌霄寶殿，我當時遲疑了下，不知三官大帝指示的是哪一家，當下就決定兩家都去，但要去的前一晚我做了一個夢，夢見有個熟悉的聲音在我耳邊說：「去請天公開藥方救人！」

話說完我就醒過來了，看了下時間是晚上的十點五十分，隱約記得九點多時我才看著電視打盹兒，怎麼一下子就入夢了？這個夢我相信是個指令，夢中的聲音非常熟悉，曾經在六年前出現過，那時我到雲南的麗江工作，台灣家中卻傳來父親病重住院的消息，人在千里之外又有工作在身，心中焦慮坐立不安，當下我跪地祈求引導神襄助，那幾天家裡傳來的消息是父親反覆高燒，白血球指數不斷飆高，醫院甚至已經發出病危通知書，那晚，恍惚間我聽見這聲音在耳邊說：「等一下會有個人從你面前跑過，你要立刻搶走他手上那張黃紙！」

話音才落，我發現我俯身於一草叢中，抬頭看，前方果然有一個綁著頭巾的小兵，朝我的方向跑來，我立刻看見他手中握著一張黃紙，當他靠近我時，我不由分說的從草叢中竄出，一把搶走他手中的黃紙，到手後我旋即清醒過來，當下心情突然變得輕鬆愉悅，感覺父親已經渡過此劫數。

第二天家裡來電，說父親已然清醒並可少量進食，回到台灣看望父親，他神清目明精神奕奕，但對於他恍惚神遊的二週卻毫無記憶。

今次，熟悉的聲音再次出現，我開始思考請天公開藥方的意思，不一會兒我就明白了祂要我去大龍峒保安宮求玉皇大帝，爲何這麼說？因爲保安宮的主祀神是保生大帝，祂是醫神藥王，凌霄寶殿是後來增建的，按照夢的指示是要我去求玉皇大帝，經玉皇大帝允許後再去請保生大帝開方賜藥。

求玉皇大帝時，我連同上海等待換肝者李先生的事情也一併求辦，獲得玉皇大帝的慨然允諾，接著到保生大帝殿前，表明已獲玉帝同意，請保生大帝顯化救人，對於台灣的林先生，保生大帝一口就答應了，祂說林先生以前從事警務工作，參與救災無數並且厚待亡者，現在這些當年曾受他幫助的陰靈全部願意傾力幫忙，因此，衡量林先生所做功德，祂願意出手介入此一生死關。

但問及上海李先生時，保生大帝顯得有些爲難，祂說患者無功無德又有祖業作梗……經過一再相求，保生大帝只說勉力爲之。

返回上海後，不久就接到林太太的電話，她說林先生的體外心臟昨天上午故障，正好是十四天，正在施行搶救時傳來好消息，一名年輕人喝酒騎車撞上大樹，經家屬同意捐贈死者器官，經檢測與林先生無排斥，因此緊急進行換心手術歷時十四個小時，而令人嘖嘖稱奇的是林先生排第八順位，前面七位竟然無人適用。

再一天林先生醒過來，據說眼睛睜開的第一句話是他很餓，想吃滷肉飯，讓人喜極而泣。

上海的李先生幾天後也順利的進行了換肝手術，讓人稱奇的是李先生排第五順位，而前面的四位也同樣發生不適用的情形。

人生似乎是爲應劫而來，跨過了眼前這關，還有未知的另一關在等著，時不時林太太總是會扶著林先生，步履蹣跚的入廟答謝神明當初的護持，至今，林先生身體愈見健朗，偶爾菸癮犯了還會背著家人偷偷抽著菸吞雲吐霧一番。但上海的李先生似乎沒這麼幸運，在一年整之後，由於肝臟排斥溘然長逝，讓人不勝唏噓。

李先生去世後，治喪期間家中也頻發怪事，李家在當地居於豪宅二十三樓，有一天家裡門上的花崗岩石磚突然整片掉落，更荒誕的是打掃的阿姨在家裡發現一條小蛇，再沒幾天家裡養的一缸子的血鸚鵡全部死亡，養了一年的純種貓突然從二十三樓跳下墜地身亡，建造墓園時後山一塊大石滾落，不偏不倚正好砸在李先生的墓碑上，墓碑四分五裂無一完整。

這時突然想起不久前保生大帝所說：無功無德又爲祖業所擾。

這時李家人也慌了，去問了當地的大師，大師語出恫嚇，斬釘截鐵的說是冤鬼索命，未來一年還要索討李太太和獨子二人之命，但大師也拍胸脯保證，只要支付五百萬人民幣，他保證李家一家老小無事，李太太嚇得寢食難安焦慮萬分，我安慰她冤有頭債有主，不要被江湖術士所蒙蔽，當然，這是後話與本題無關在此略過，只是後來在神尊護佑之下，平安渡過那一年。

寫本題時，客戶瑪姬小姐強烈要求我必須把她的「神蹟」寫於本文內，拗不過她想當女一號的渴望，只得在本文中爲她留下一筆。事實上她的「神蹟」從失業到重症，幾乎可以寫成厚厚一本書，在我們的「啵比團」中，她的系列故事赫赫有名。

瑪姬來上海從事業務工作已經十多年了，是個不折不扣的老台幹，有天她氣急敗壞的來說，公司要將她從上海調去深圳，但她不想去，所以要來請神幫忙。我幫她問了她的「父王」玉皇大帝，玉帝說她一定要去，她不死心又去問了她的「母后」天后媽祖，媽祖也是要她去，最後又回來問她的引導神三官大帝，三官大帝這時略帶安慰的說：「去接一個緣份，一年後就回來了。」

當時我們誤解了接緣份的意思，以爲是去認識一個眞命天子，然而，搬到深圳不到三個月，她發生了小中風，嘴歪眼斜半邊痲痹幾乎癱瘓，她被緊急送醫後，醫生發布了一道等同宣判死刑的病理檢測：瑪姬罹患了先天性腦血管病變，病名叫做「毛毛呀」，這種罹患機率微乎其微，因此連列入十大重大病症的機會都沒有，自然也無法獲得任何保險醫療理賠。

「毛毛呀」這病簡單來說就是腦部先天缺乏兩根主血管，腦部運作會自動衍生其它細小血管，如同桃子表面的絨毛般（毛毛呀是桃子的日本發音），但由於供血量不足，微血管沒多久便會自行萎縮死亡，此時就會引發中風癱瘓。

在台灣罹患這種病，只有兩家醫院有此手術但效果不彰，若不是術後死亡就是術後小腦萎縮，智商等同三歲孩童，所以，醫生宣佈罹患此病等同於宣佈死刑。

瑪姬小姐當時萬念俱灰，求神時痛哭失聲，旁觀者莫不同聲淚下。

三官大帝安慰她不要心慌意亂，要她稍安勿躁先接受中醫治療，一年後再接受開刀手術，但這仍然讓人惶惶不安，除非一年後醫療更進步，否則不是死亡就是癱瘓智障，時間只是延後了結果並沒有改變結果。

在那一年中，瑪姬小姐接受了中醫的藥物、按摩治療，而公司知道她罹患這重症之後，按照公司規定給予停薪不停職和最多六十萬英鎊的醫療救助，免去了她生計受阻的問題，經濟問題獲得解決，但心理的陰暗面積卻越發擴散。

一年後的某天，瑪姬翻牆上臉書，一位失散多年的朋友突然敲她，剛好朋友也在上海，兩人相約見面敘舊，席間瑪姬說起了她的病況，朋友說她朋友的妹妹恰也罹患這種先天重症，後來在台灣的某醫院開刀治療，術後情況非常良好。

瑪姬一聽心裡再度燃起重生的希望，獲得聯繫方式之後，她速速整裝返台尋求治療，經過耗時三個月的兩次開刀，醫生在她的左右腦各開四個十元硬幣大小的洞，取出頭骨在腦部植入人工主血管，瑪姬不但死裡逃生而且智商正常，術後不久她重新回到職場，依舊女強人本色伶牙俐齒反應犀利。

對於重症患者的求辦，到底要求助那一尊神？有的人說地藏王有的人說觀音、佛祖、玉皇大帝……而我認爲還是必須先找自己的引導神，我一再強調引導神對個人而言是很重要的神祇，平日要勤加奉香請安，培養默契與感情，當有要事需要引導神幫忙時，衝著平日你對祂的虔誠，祂必定傾力襄助，即使祂能力有限，祂也會呼朋引伴會集仙班道友一起幫你渡過難關。

令人遺憾的是大多數的人，信心不足耳根子軟，一旦聽人說某處神明靈驗，便開啓全省進香模式，跟著他人到處求神問卜，不但徒勞無功還勞神傷財疲憊不堪。

拜神和交朋友是一樣的道理，朋友間要經常往來，彼此間有了交情，遇到困難時才會互相幫助，拜神也是，神靈若能明白你對祂的誠心不二，在神佛不破因果的前提下，祂必定傾盡全力幫忙到底。不要以爲神是萬能的，祂也有祂能力、職權觸及不到的地方，但只要你對祂任何時候都是崇拜有加，就算祂不能千變萬化也會連結其它神尊一起幫你消災度厄。

求助神對家中患者施以援手，可以用「消災解厄化病符」的名義來辦理，要釐清的概念是，不用去揣測是什麼因果才染病，只要誠心祈求神尊作主，而神尊給你三個聖筊，你就可以著手辦理，最後的驗證就是患者是否痊癒，至於因果關係就不太需要深究。

辦理「消災解厄化病符」需要注意以下事項：

1、辦妥後還需要再問是否需要一週後再辦第二次，以此類推直到祂說不用再辦。

2、辦好後，廟中若有提供平安符，可向神尊索取八張，一張讓患者帶在身上，一張置於枕頭下，另外六張每天燒化一張，置於碗內和溫水、一點點鹽巴，讓患者服下，剩餘的噴灑於室內做爲淨化。

3、若是患者住院，稟告時除了說家中住址之外，還要說明住院地址、床號，請神尊派遣兵將前往守護。

辦理「消災解厄化病符」當日要準備以下供品：

1、五果（五種水果，以甜的爲主，芭樂、釋迦、番茄、檸檬、蓮霧不拜）。

2、帶殼龍眼乾一〇八顆（拜好後壓碎與紙錢一起燒化）。

3、帶殼水煮蛋十二顆（用紅筆在蛋底部寫上「進」，並劃上紅圈將進字圈起來，如：㊨進）。

4、乾茉草一包（青草店有售，份量不拘）以黃紙包妥，用紅筆寫上患者名字於上，如：王大大元神清明。（與紙錢一起燒化）

5、竹心十二支（取竹葉上竹頂端捲包未開的）用紅紙包好。（與紙錢一起燒化）

6、黃紙疏文一張，A4大小即可，用紅筆寫：

皇恩浩蕩聖尊垂憐，弟子王小明今日蒙聖尊恩允，備辦四品奉請聖尊辦理父親王大大消災解厄化病符。王大大民國三十五年二月二日吉時出生，現居台北市忠孝路一〇〇號，因身染病疾於安康醫院台北市忠孝路一〇一號三樓A區一一八房八十八床診治，奉請聖尊法雨普施神威顯赫，助祐王大大元神光彩肉體調和災疾厄殃化清化明歸於無形。

今日備辦四品如下：

（將所備供品、紙品悉數寫上並小聲朗誦）

得蒙庇佑，弟子定當行功造德答叩神恩。

弟子王小明百拜上申

中華名國一〇七年三月十八吉時

全部稟告好之後，再擲筊問是否圓滿，一次聖筊即可。

需備紙錢如下：

1、壽生蓮花72朵
2、往生蓮花72朵
3、環保大箔壽金20支
4、環保福金200支
5、環保刈金100支
6、環保大銀100支
7、環保小銀200支
8、黃錢100支
9、白錢100支
10、巾衣100支
11、甲馬100支

12、病咒錢20支
13、解厄錢20支
14、十二元神100支
15、本命錢100支
16、佛祖金一刀
17、蓮花金一刀
18、蓮花銀一刀

以上紙錢的數量需一一擲筊請示是否足夠，再依聖意酌量加減。

由於每個地方的紙錢數量單位不同，可以依照所購買的單位名請示，例如文中寫蓮花金一刀，若是你所購買的單位是一支，就依十支下去問，不夠時再加十支以此類推，其它的紙錢也是同樣的問法。

有一個前提是：燒紙錢要豪邁，不要慳吝小氣，紙錢不怕燒多就怕不足，現在燒紙錢都是使用環保金爐，除非你用質量不好的紙錢，否則不會有環保污染的問題。

如何收魂送外陰，大事化無事

收魂送外陰是受驚的升級版，一般人如果覺得諸事不順頭昏腦脹意志力不集中，就會去廟裡請人收驚，如果是一般的沖犯，收收驚就沒事了，但是如果長久不予注意，就會有積累成病症的可能，影響所及會有抑鬱、長期失眠、情緒低落、負面觀增生等等的問題，但這些問題目前在醫學上仍然沒有有效的治療方式，若不是使用安眠藥就是短暫緩解精神的百憂解等等，而這些藥物長期服用之後，不但沒有得到有效治療，甚至會對身體造成不良影響。

運用神學的陰陽理論，要給予患者在精神上得到舒緩，並透過自我療癒的方式讓身體得到充分的還原，這有兩個前提必須考慮：

一是透過中、西醫治療後，只是暫時控制，但病情依舊反覆。

二是陳年舊疾已然藥石罔顧。

在醫學掛帥的今天，只能在群醫治療無效之後，符合以上兩個要件，不妨再試試看陰陽學的威力，以我自己爲例，通常遇到這情形時，我是採雙效合一的方式進行，一方面尋醫診療以求治標，一方面運用陰陽平衡以求治本。

大約五年前同友人赴北京紫禁城一遊，回來後身體突感不適，頭腦混沌四肢乏力整日昏睡，我以爲是不愼感染風寒，便服用了一些成藥，但是效果不彰仍然嗜睡。

第三天下午稍微清醒了點，站在家裡陽台凝視，從九樓望下一片修整有致的矮灌木，心情突然一陣失落，這時幻聽突然耳邊有人呢喃，一陣細微幽怨的女聲哀哀地說：「唉！活那麼久幹嘛呢？」

在那一剎那間，樓下的灌木叢彷彿伸出許多隻手向我招喚，它們似乎在說跳下來就解脫了，而與此同時我心下一震，心想：中招了！我刻意的搖幾下頭讓自己清醒，旋即下樓到廟裡去求助。

按照三官大帝的說法，我是去了一趟紫禁城卻帶回一列的清朝白頭老宮女，老宮女們希望得度，因此跟了會拿香的我回來，令我驚訝的是一向自詡神經敏捷的我，竟然也被神鬼不知的跟回來，最後在三官大帝的指示下，辦了收魂送外陰，請三官大帝將這批老宮女收納門下，說也神奇，那天下午辦完後，我立刻又恢復精神體力，前兩天的體力匱乏竟然不復存在。

一直以來我每到各地旅遊，總是盡量避免前往名寺古剎遊覽觀光，因爲我知道很多宗教勝地，總是滯留很多孤魂野鬼徘徊不去，尤其是在大陸，千年以上的老寺廟多的不勝其數，人們總是抱著遊覽歷史古蹟的心態入廟一遊，殊不知其實已經踏入氣場混濁的陰陽境界，沒事就沒事萬一被沾上就吃不完兜著走，但誰又能知道踏入之時，自己的氣場是強是弱？最好的方法就是收斂好奇少入爲妙，若是不得不進去時，最好也是嚴肅禁語，不要大聲喧嘩驚動無形。

以前跟著我的師父辦事時，有位羅小姐來找，她說她經常晚上無法入眠，甚至常夢見被日本士兵拿著武士刀追殺，師父說這是前世冤親債主來找，千叮嚀萬交代囑咐她千萬不要去日本，以免「接到靈源」，意思就是被前世冤親債主找到。羅小姐聽完目光有些呆滯顯得不太相信，其實連我也滿心疑惑，人海茫茫就算眞有前世的冤親債主，除非裝有追蹤雷達，否則要找一個人也不是容易的事吧！

一週後羅小姐和妹妹按既定行程前往東京旅遊，但三天後羅小姐的妹妹卻打了越洋電話回來求救。

羅妹妹說她們下榻飯店當晚，羅小姐說她胸悶呼吸困難，到了下半夜羅小姐突然呼吸困難緊急送醫，醫生說是急性甲狀腺發炎，但沒多久羅小姐就暈厥不省人事，醫生緊急救治卻引發了肺氣腫，羅小姐不省人事的送進重症房，羅妹妹找到了師父的電話，緊急打來求救。

師父叨叨的說，叫她別去日本怎麼還是不聽話！她嘆了口氣要我載她去濱海公路請北海觀音救助，我緊急的收拾了一些可能會用到的紙錢，迅速驅車前往福隆。

按照北海觀音的指示，羅小姐的前世是抗日份子，曾經假扮日本人潛入日本誅殺日本將領並炸毀了宅邸，將領全家人無一倖免，這次她到日本正好被她前世所殺的這群人找到。

戰爭是無情的，對於侵略者群起抵禦也是天經地義之事，問題在於受害者和加害者之間是彼此認識甚至有情感交流，才會陷入冤有頭債有主的輪迴中。

師父在北海觀音處請來雙方元靈請觀音調和，最後談妥紙錢賠償以及怨靈送修，這場法事花了三個多小時才告終。

據說當晚羅小姐人就甦醒了，隔天就可以起身下床，一週後羅小姐回國來找師父，說起在日本的遭遇，她說她只記得睡著了，其它的事情都是醒過來聽妹妹說的，她毫無印象，她只覺得自己睡了很久，直到有人在她耳邊說：「起床了！」她才悠悠轉醒。

對於這件事，當時我心裡有一些疑問：日本的冤親債主爲何不能跨海來報，必須等事主到了日本才求索？另一個疑問是羅小姐之前也去過日本爲何沒事，這次去爲何險些送命？

師父是一個婦道人家當時也無法爲我釋疑，只說道理就是這樣，別問那麼多。但這幾年中，我也時不時辦了數件這種案子，慢慢理解了怨靈報復是有時間和地域性的限制，就好比甲地的案子不能在乙地受審一樣，而受審日也必須在羅小姐運勢低弱時才能進行報復，羅小姐被報復稱爲「死劫」，但遇到可以解圍的貴人叫躲過一劫。換言之，如果沒遇到對的人解圍，這次很可能就在劫難逃，這也是一次她的善業、惡業彼此的拉鋸，細思極恐，人還是多多行善積累功德，必要時才能爲眾神所庇佑。

另一方面來說，有沒有不受地域、時間控制的催索？這種情況則稱爲「黑令旗」，前文提到過，就是冤親債主向天神伸冤，取得諸神不得介入的令旗後，就可以不受時間、地域限制，隨時進行報復取得平衡。

通常取得黑令旗至少要符合三個條件：佔妻、殺父、奪產。

在〈重症患者消災補運法〉一文中，曾提及換肝的李先生，即是黑令旗下的犧牲者。

當初在大龍峒保生大帝那裡求治重症時，保生大帝曾經搖頭表示無功德不好救，此外，也說他罹患此疾除了他自己不注重保養之外，還有一個重要的問題，就是輪迴今生受前世業報，原來李先生的家祖向來貧窮，後來李先生這一支系有一天突然橫發，全家族雨露均霑，但沒人知道李先生的曾祖父是如何致富的。

直到保生大帝說，李先生的曾祖曾是盜墓者，所盜之墓年代並不久遠，大約是民國初年的事，被盜者還是位軍閥，一身軍裝屍身未腐容貌完整，就這樣被挖出來棄置路邊，陪葬的有價寶物悉數被李先生曾祖父取走。

李先生的太太聽到這段因緣時，沉默不語了半晌，一會兒才說她和先生是青梅竹馬一起長大的，對於李氏家族的祕密她也聽老一輩的人提過，說李氏曾祖非法取得這些財物後，便變賣財物經商，但沒多久就身染惡疾，才三十多歲就奔赴黃泉，當時家族裡也有人偷偷私語，李氏曾祖橫發是盜墓所得，只是沒人敢去證實流言。

此後，讓人不解的是李先生這一房的男丁都很早夭，祖父、父親都不到五十就撒手人寰，李先生過世時也不過四十七歲，而讓人擔心的是李先生身後獨子，未來是否也會繼續承襲業報英年早逝？這事讓李太太擔心不已，尤其是先生過世期間，家中怪事頻仍讓她深感恐懼。

這件事看來是業報問題，似乎和卡陰相去甚遠，但要知道的是無形界的因果關係，往往是牽一髮動全身，如麻花般糾結的因果關係，並非如我們一般人簡單的想像，有時是卡陰在前，業報在後，有時是卡陰與業報同時俱現，非我們所能理解，最好的方法是避免往招陰的地方去。

哪些地方容易招陰？古屋、古寺、古廟、靈骨塔、醫院、墓地、火葬場、殯儀館、聲色場所等等地方，萬一非去不可也要心懷敬畏，不要態度隨便說話無禮，以降低招陰機率。

萬一招陰了，有前面所提到的幾種狀況，那麼最好去請自己的引導神，辦理收魂送外陰以求大事化小事，並能讓所服藥物迅速達到藥效。

請引導神辦理收魂送外陰，可以直接準備紙品去辦理，不需要先請示。

需準備的紙錢如下：

1. 壽生蓮花12朵

2.往生蓮花12朵
3.廟金6份
4.環保刈金50支
5.環保福金100支
6.十二元神10支
7.本命錢10支

以上紙錢準備好之後帶到廟裡，向主神或你的引導神稟報如下：

奉香拜請關聖帝君在上，弟子王小明生於民國八十年五月三日，現居台北市忠孝路一〇〇號，今因陰陽失調致令運勢烏暗，今日備辦四品如下（誦念所備四品），懇請帝君爲弟子辦理收魂送外陰，讓弟子元神光彩冥陽兩利，今若恩允奉請賜一聖筊，得蒙庇佑弟子定當行功造德答叩神恩。

本段可以口誦也可以用黃紙書寫。

得一聖筊之後，再待數分鐘之後就可以請示是否可以燒化，請示時如果笑杯或是蓋杯，一般代表有兩個問題：一是紙錢不夠，必須逐一請示，補足不夠的紙錢，另一種方式是補香油錢，可從捐一百元問起，不夠再加一百，以此類推直到聖筊。問到必須補足的香油錢後，可以到櫃台付錢，並請行政人員開立收據，用紅筆在收據空白處寫：**以此功德護持本廟，並助弟子元神光彩冥陽兩利**。

另一種原因則可能你的問題並非招陰，於是要請示：「是否犯業報？」如果得一聖筊，就需再問：「那麼以今日的四品，是否可以聖尊爲弟子辦理還陰債？」如果得一聖筊，就將所寫的稟文主題改爲「還陰債」即可。

不久前台北一位舊識師姐，她喜歡五教共合，她覺得逢神必拜對自己的好處一定更能錦上添花，有一回她聯繫我，說她這一陣子頭昏腦脹渾身乏力，週而復始的低溫發燒，她想問我是不是招陰了，我問她這陣子她去了哪裏，她想了很久才說招陰的地方她幾乎沒去，唯一去的地方是一處共修團，是她的一位姊妹找她去的，據說那位師父很厲害通曉三世因果，每晚在他的住處召集大家共修，逢假日還鼓勵大家捐錢買飛鳥、游魚放生做功德。

共修是好事，但共修的另一個意思就是共業，每個人的業力各自不同，但是齊聚一堂時，就會形成一個業力圈福禍與共，我告訴她這個原因的可能性很高，她接受了這個說法，要我在上海幫她辦理收魂送外陰。

隔天她又聯繫我，跟我說她昨晚睡得非常入眠，體力也幾乎完全恢復，我要她共修的事能不去就別去，免得在不自知的情況下，不小心又中招。但她反問我：「共修是好事，爲什麼會招陰？」我反問她：「妳不是警察，妳需要去抓小偷？」各有所職各有所司，抓小偷是警察的事，渡眾生是神職人員的事，人生在世不就是求個心安理得喜樂圓滿？做好自己該做的事，盡好自己該盡的本分，這才是圓滿。

在共修團裡每個人都有自己的因果業力欲求解脫，才會進入到共修團，無形的緣分會在無明中牽引出糾結的因果關係，不是有句話說：「不是一家人不入一家門」，既然同入一個門，共業的事情就有極大的可能發生，細思極恐，凡事還是要深明其義再量力而爲，否則賠了夫人又折兵徒勞無功。

當時的話師姐或許沒聽進去，不久之後又來電說她「舊疾復發」求辦收魂送外陰，並說這次她信了，康復之後她哪裡都不去，一定乖乖待在家中看鄉土劇。

信仰宗教不光只是爲了心靈寄託，對於宗教每人詮釋與理解不同，對我而言，反而更信仰神靈，先知道自己爲何而求，再去找對你的神靈，透過祂的幫助完成你這一生的想望，讓它逐一實現不是很好的事？人的一生不就是求得感情、事業、財運、健康都能順遂？至於要渡盡六道眾生那就不是你的事情了，行有餘力再捐助供養當功德主，豈不是很殊勝的事情？

收魂送外陰雖然是小事，但是照顧好自己的肉體，不受外陰外靈干擾，卻必須從此做起，在陰陽理論中，肉體爲陽，靈體爲陰，陰可生陽，然後才是陰陽相生，我稱這種循環爲「平行造運法」，而一切的基礎從收魂送外陰做起，做好了，才能繼續補一切運。

國家圖書館出版品預行編目資料

這樣拜才有效／王品豊著. -- 初版 .-- 臺北市：春光出版：家庭傳媒城邦分公司發行, 2010（民99）
面； 公分
ISBN 978-986-6572-71-5（平裝）

1.祠祀 2.祭禮 3.民間信仰

272.92 99006808

這樣拜才有效（暢銷增訂版）

作 者／王品豊
企劃選書人／劉毓玫
責 任 編 輯／張婉玲
內 文 編 輯／劉毓玫

版權行政暨數位業務專員／陳玉鈴
資深版權專員／許儀盈
資深行銷企劃／周丹蘋
業 務 主 任／范光杰
行銷業務經理／李振東
副 總 編 輯／王雪莉
發 行 人／何飛鵬
法 律 顧 問／元禾法律事務所 王子文律師
出 版／春光出版
台北市104中山區民生東路二段 141 號 8 樓
電話：(02) 2500-7008 傳真：(02) 2502-7676
部落格：http://stareast.pixnet.com/blog
E-mail：stareast_service@cite.com.t
發 行／英屬蓋曼群島商家庭傳媒股份有限公司城邦分公司
台北市中山區民生東路二段 141 號11 樓
書虫客服服務專線：(02) 2500-7718．(02) 2500-7719
24小時傳眞服務：(02) 2500-1990．(02) 2500-1991
服務時間：週一至週五9:30～12:00．13:30～17:00
郵撥帳號：19863813 戶名：書虫股份有限公司
讀者服務信箱E-mail: service@readingclub.com.tw
歡迎光臨城邦讀書花園 網址：www.cite.com.tw
香港發行所／城邦（香港）出版集團有限公司
香港灣仔駱克道 193 號東超商業中心 1 樓
電話：(852) 2508-6231 傳眞：(852) 2578-9337
E-mail : hkcite@biznetvigator.com
馬新發行所／城邦（馬新）出版集團【Cite(M)Sdn. Bhd.(458372U)】
11, Jalan 30D/146,Desa Tasik,
Sungai Besi, 57000 Kuala Lumpur, Malaysia.
電話：(603) 9056-3833 傳眞：(603) 9056-2833
E-mail：cite@cite.com.my

封 面 設 計／黃聖文
內 頁 排 版／小題大作・游淑萍
印 刷／高典印刷有限公司

■ 2010 年（民 99）5 月 11 日初版
■ 2023 年（民 112）6 月 1 日二版1.6刷

Printed in Taiwan
城邦讀書花園
www.cite.com.tw

售價／260元

ISBN 978-957-9439-35-0

104台北市民生東路二段141號11樓

英屬蓋曼群島商家庭傳媒股份有限公司

城邦分公司

請沿虛線對折，謝謝！

愛情・生活・心靈

閱讀春光・生命從此神采飛揚

春光出版

書號： OC0054X　書名： 這樣拜才有效（暢銷增訂版）

請於此處用膠水黏貼

讀者回函卡

謝謝您購買我們出版的書籍！請費心填寫此回函卡，我們將不定期寄上城邦集團最新的出版訊息。

姓名：________________________________

性別：□男　□女

生日：西元____________年______________月________________日

地址：____

聯絡電話：______________________ 傳真：______________________

E-mail：____

職業：□1.學生 □2.軍公教 □3.服務 □4.金融 □5.製造 □6.資訊

□7.傳播 □8.自由業 □9.農漁牧 □10.家管 □11.退休

□12.其他 ____

您從何種方式得知本書消息？

□1.書店 □2.網路 □3.報紙 □4.雜誌 □5.廣播 □6.電視

□7.親友推薦 □8.其他 __________________________________

您通常以何種方式購書？

□1.書店 □2.網路 □3.傳真訂購 □4.郵局劃撥 □5.其他 __________

您喜歡閱讀哪些類別的書籍？

□1.財經商業 □2.自然科學 □3.歷史 □4.法律 □5.文學

□6.休閒旅遊 □7.小說 □8.人物傳記 □9.生活、勵志

□10.其他 ____

為提供訂購、行銷、客戶管理或其他合於營業登記項目或章程所定業務之目的，英屬蓋曼群島商家庭傳媒（股）公司城邦分公司，於本集團之營運期間及地區內，將以電郵、傳真、電話、簡訊、郵寄或其他公告方式利用您提供之資料（資料類別：C001、C002、C003、C011等）。利用對象除本集團外，亦可能包括相關服務的協力機構。如您有依個資法第三條或其他需服務之處，得致電本公司客服中心電話 (02)25007718請求協助。相關資料如為非必要項目，不提供亦不影響您的權益。

1. C001辨識個人者：如消費者之姓名、地址、電話、電子郵件等資訊。
2. C002辨識財務者：如信用卡或轉帳帳戶資訊。
3. C003政府資料中之辨識者：如身分證字號或護照號碼（外國人）。
4. C011個人描述：如性別、國籍、出生年月日。

請於此處用膠水黏貼